KB104445

청소년을 위한
진로 인문학

청소년을 위한
진로 인문학

일상의 즐거움이 움튼다! 삶의 길이 열린다!

강봉숙 | 김별아 | 김성희 | 김준철 | 김호연

문경수 | 서정민갑 | 원재훈 | 이동학 | 최삼경

『청소년을 위한 진로 인문학』을 펴내며

저는 종종 청소년들이나 학부모님들, 교사들에게 진로에 관한 강의를 부탁받곤 합니다. 그럴 적마다 소개하는 책이 몇 권 있습니다. 그 가운데 한 권은 제가 꽤 오래전에 읽은 책인데요. 베스트셀러 작가인 다이애나 루먼스(Diana Loomans)와 시인이자 배우인 줄리아 고도이(Julia Godoy)가 함께 쓴 『행복한 아이를 만드는 열두 걸음』(2008; What All Children Want Their Parents to Know: 12 Keys to Raising a Happy Child, 2005)이란 책입니다. 저자들은 만일 자신들이 아이를 다시 키우게 된다면, 집을 세우는 것보다 아이의 자존심을 먼저 세워주고, 자신들의 손가락으로 아이들에게 명령하는 대신 손가락 그림을 더 많이 그리게 할 것이며, 지식을 더 많이 갖도록 요구하기보다는 아이들이 자연과 사람에게 더 관심을 가지는 경험을 하도록 도울 것이라고 말했습니다. 아이들이 자전거도 더 많이 타고, 연도 더 많이 날리고, 들판을 마음껏 뛰어다니면서 별들과도 친구가 될 수 있는 체험의 기회를 더 많이 마련해줄 것이며, 힘을 사랑하는 사람보다는 사랑의 힘을 가진 사람으로 아이들을 보겠노라고도 했습니다.

다른 한 권은 디디에 에리봉(Didier Eribon)이라는 프랑스의 사회학자이자 철학자가 쓴 『랭스로 되돌아가자』(2021; Retour à Reims, 2009)라는 책입니다. 저자는 소수자였고, 노동계급 가정에서 태어나 자랐습니다. 태생적인 조건으로 세상이나 가족과의 관계 맺기가 순탄하지 않았던 모양입니다. 저자는 자신이 경험했던 고통스러운 시간을 솔직하게 고백하면서, 자기 삶 속에서 어떻게 자기를 발견하고, 자기 삶을 해방할 수 있었는지를 당당하게 말해주었습니다. 저자는 끊임없이 세상과의 관계 속에서 자기를 살피면서, 새로운 자기를 발명하는 것이야말로 자기 삶을 보다 온전히 살아낼 수 있는 소중한 공부일 수 있다고 말합니다.

진로를 이야기하면서 웬 뚱딴지같은 책 소개인가 했을 텐데요. 저는 이 두 권의 책에 우리가 진로에 대해 고민할 때 생각해볼 내용이 있다고 보았습니다. 즉 진로가 단순히 먹고사는 생계의 문제가 아니라 삶의 문제이고, 자기 삶의 관계, 즉 가족이나 세상

속에서 그 정체를 알 수 있는 영역이며, 자기 삶을 발견하려는 노력의 과정 그 자체라고 말입니다.

최근 읽은 어느 책벌레의 책에서도 비슷한 이야기를 발견할 수 있었습니다. 이권우의 『발견의 책읽기』(2024)는 내가 어떻게 살 것인가, 즉 내 진로를 선택하기 위한 가장 소중한 공부는 내 삶 속에 있고, 내 삶은 사회나 공동체와의 관계 속에서 살필 때 더욱 명징하게 살필 수 있다고 말합니다. 저 역시 그런 살핌의 공부 과정에서 나와 우리의 세계에 대해 진지하게 성찰하고, 모두의 이익도 고려하면서 자기 삶의 방향을 정한다면, 혹여 내 앞에 다가선 어떤 두려움이나 위험도 함께 넘어갈 수 있는 지혜를 얻을 수 있다고 생각합니다.

이번에 펴내는 『청소년을 위한 진로 인문학』은 이런 이야기를 담고 있습니다. 저자들은 진로가 단순히 먹고사는 생계 차원의 문제가 아니라 삶에 관한 사안이고, 그러니 내 삶과 자기 자신의 본질에 대해 스스로 알아차리는 공부가 필요하다고 말하고 있습니다. 저자들은 자기가 좋아하는 일이 무엇인지, 자기에게 가장 소중한 것은 무엇인지, 그리고 어떤 선택을 하는 것이 필요할까를 알아가는 방법을 저마다의 주제와 시선으로 제시하고 있습니다. 삶의 모습이 다채로운 만큼 진로에도 하나의 방향이나 정답이 있는 것이라기보다는 여러 가지 선택과 해법이 있겠지요. 행복으로 가는 길이 누구에게나 같지 않은 것처럼요. 부디 이 책이 진로에 대해 고민하며 방황하고 있을 청소년들이 자기의 진로를 찾아가는 데 소중한 하나의 기회가 되기를 바랍니다.

2024년 4월

김호연

| 차 례 |

제1장

환영합니다,
지구 초보
여행자들

글쓴이_ **최삼경**

소설가. 저서로 문학기행문 「헤이! 강원도」 인터뷰 집 「그림에 붙잡힌 사람들 I, II」 장편소설 「붓, 한 자루의 생」 등이 있다. 강원도 홍천에서 태어나 춘천에서 학교를 다녔다. 어린 시절 특유의 장난기로 친구들과 잘 어울렸으며 중학교 때는 제법 착실하게 지내다 가 고등학교 때 갑자기 교과서보다 시와 소설, 무협지에 빠졌다. 급기야 대학 가는 시험인 학력고사에서 수학을 25개 문제에서 4개를 맞아 8점을 기록하고 재수를 해서 강원대 사 회학과를 다녔다. 맑스, 레닌이 필수과목인 학과 특성 때문인지 80년대 전두환 군사독재 에 저항하는 운동을 많이 했으며 이후 아파트 건설현장, 기획회사 카피라이터, 숲 가꾸기, 춘천마임축제 사무국, 강원특별자치도청 근무, 전업 작가 등 사연 많은 세월을 보내고 있 다. 향후 주변의 힘없고 작고 밀리는 것들에 대한 따뜻한 응원과 함께 우리 삶의 숨은 뜻 은 무엇인지, 이렇게 많은 생명들이 살아가는 이유 등을 천착하는 작품을 써 볼 계획이다.

잘하지 못하는 것이 아니라
한 번도 안 해봐서 서툰 거랍니다

누구에게나
처음인 삶

살다 보면 우리는 여러 경우를 만납니다. 좋을 수도 있고 그냥 그럴 수도 있고, 또 아주 나쁜 경우를 만날 수도 있겠지요. 저는 어릴 때 이런 일이 많았어요. 새알을 꺼낸다고 학교 슬레이트 지붕을 걷다가 기왓장을 왕창 깨뜨린 일이나 뒷산에 올라 나무로 깎은 칼로 친구들과 장난을 치다 다치거나 다치게 한 일, 또 아이들을 선동해 교실 청소를 안 하고 집으로 가버린 적도 있었지요. 지금 생각하면 맥락 없고 어이없는 일이었지만 하여튼 그때는 그렇게 해놓고 좋다고 웃기도 했고, 야단맞을 것을 걱정해 좀 불안해하기도 했지요. 그래도 지난 일 중, 특히 어릴 적에는 칭찬받은 일보다는 말썽쟁이로 실수를 하거나 문제를 일으킨 안 좋은 기억이 대부분이더군요. 이는 예순이 넘은 제 나이 또래쯤이면 아마도 비슷하게 느낄 부분이라고 생각합니다. 나이는 시간을 말하는 것이고, 그 시간이면 충분히 그만한 실수도 했을 것이라 추정하는 것이지요. 어쩌면 지금도 어떤 '잘못'을 저지르고 전전긍긍 고민하는 사람들도 있겠지요. 그런데 이 잘못은 왠지 억울하다는 생각도 듭니다. 좀 더 정확하게 말하자면, 나만 그런 게 아니라 나만 걸린 것 같다는 생각이 들어서이죠. 그때 그런 말을 듣지 않았다면, 그 눈을 마주하지 않았다면, 그런 생각을 안 했다면……. 이런 생각이 후회와 함께 다가옵니다. 처음에는 순간의, 선택의 문제이고 그다음에는 연결의 문제로 넘어가지요.

우리에게 많이 알려진 로버트 프로스트의 「가지 않은 길」이라는 시에는 다음과 같은 구절이 있지요. "두 갈래 길이 숲속으로 나 있었다, 그래서 나는 사람이 덜 밟은 길을 택했고, 그것이 내 운명을 바꾸어 놓았다." 그러고 보면 우리가 살아가는 과정은 늘 선택의 과정이라 할 수 있습니다. 앞에는 늘 두세 가지 선택할 수 있는 길이 놓여 있고 그 선택에 따라 달라지는 길을 가는 것이지요. 예전 개그 프로에도 두 가지 길에서 다른 선택을 했을 때 각각 벌어지는 일들을 재미있게 풀어가는 프로그램이 있었지요. 모르긴 해도 사람들은 그 프로를 보면서 저마다 제각각의 상념에 **빠**졌을 것 같습니다. '아 만약 그(그녀)가 서울로 가자고, 해외로 가자고, 혹은 결혼을 하자고 했을 때 따라갔거나 했더라면 내 인생은 지금보다 행복했으려나?' 이는 살아갈수록 선택의 중요성을 알게 된 것이라 볼 수 있겠습니다. 하지만 이렇게 모든 것을 '선택'의 문제로 놓게 되면 또 우리네 삶은 얼마나 팽팽하게 당겨진 긴장의 연속이겠습니까. 걸을 때도 왼발을 뻗을지 오른발을 먼저 낼지, 이렇게 되면 문제가 되지 않겠습니까. 그러면 어디 살 수 있겠습니까. 따라서 여기에서 선택의 문제는 우리네 삶에서 아주 중요한 전환점 몇 군데를 상정하는 것입니다.

기실 선택의 문제를 처음의 화두로 삼은 것은 우리 모두 지구상에서의 삶은 처음이기 때문입니다. 처음이기 때문에 무엇을 선택하기가 쉽지 않고 실수를 할 수 있다는 것을 말하는 것이지요. 그렇다고 필요 이상으로 겁먹을 필요는 없습니다. 오히려 실수란 흔한 것이라는 데 마음을 매어두시기 바랍니다. 누구든 자기가 원한 곳에, 원하는 때에 태어난 사람은 없습니다. 왜 꼭 지금 여기 이런 가정 형편에 태어나야 했는지 알지 못하지요. 그렇지만 사람들은 말합니다. 특히나 수행하는 성직자들이 많이 합니다. "태어나는 것 자체가 축복이다!" 어쩐지 그리 공감이 가는 말은 아니지만 일단 그냥 그런가보다! 하고 넘어가보시지요. 저런 말은 어느 정도 나이를 먹어야 알게 되는 것이라 치부해버리면 편합니다. 그렇다고 나이를 먹는다고 다 아는 게 아닌 것은 확실합니다. 환갑을 바로 코앞에 두고 있는 나이인데 아직도 올바로 사는 것이 어떤 것인지 모를 때가 많습니다. 이는 나이 든 사람들도 그 속에 '소년' 혹은 '소녀'가 살고 있기 때문입니다. 게다가 확실한 것은 어른들도 나이를 먹고 늙어가는 것이 처음이라는 사실입니다. 처음 부모가 되고, 처음 염색을 하고, 처음 임플란트를 합니다. 처음 이가 빠졌을 때의 상실감은 쓸쓸하고 두렵습니다. 이렇게 '처음'이기는 젊은이들이나 늙은이들이나 같습니다. 다만 나이 든 사람들은 이런 처음의 일상을 지나며 경험을 쌓고 이 데이터를 통해 삶의 지혜가 생기는 것입니다. 이 부분이 우리에게 희망을 주는 것이겠지요.

우리는 본능적으로 어둡고 추운 곳보다 밝고 따뜻한 곳을 좋아합니다. 대부분의 생명이 이렇습니다. 이는 생명의 비밀이 바로 이 환하고 따듯한 곳에 있다는 반증일 것입니다. 어떻든 이 땅에서 중학생이나 고등학생, 청춘으로 산다는 것은 아직도 많은 것을 겪어야 한다는 것을 의미합니다. 여러분도 일이 잘 풀리면 좋지만 보통 대부분 일이 잘 안 풀리고 온통 구린 일들만 일어나지요. 부모님은 내가 무얼 바라는지 모르는 것 같고, 선생님들도 나의 재능을 몰라주지요. 게다가 사회는 내 적성과는 상관없는 일들을 강요하고요. 세상이 나만 빼고 자기들끼리만 짠 것 같은 기분을 느끼지요. 그러니 어떨 때는 매일 아침에 해가 뜨는 것조차 시시하게 느껴지기도 합니다.

앞이 보이지
않는 화가

그래서 여기에 화가 두 분을 소개하려고 합니다. 한 분은 시각장애인이고, 또 한 분은 소아마비로 한쪽 다리를 못 쓰는 데다 청력장애까지 있습니다. 어느 장애든 작품 활동을 하는 데 치명적인 어려움을 주기 마련입니다. 그것도 일반 취미 수준의 아마추어가 아닌 프로 작가, 프로 화가로 활동을 하는 데 시각장애는 사실 '불가능'을 뜻합니다. 게다가 희뿌옇게 보이는 정도가 아니라 완전히 캄캄한 시각장애를 갖고 있다면 말입니다.

먼저 시각장애인 화가의 이야기입니다. 시각장애인이 그림을 그린다? 실제로 이분은 작품을 만들고 전시까지 엽니다. 팔레트에 놓인 물감들의 색을 순서대로 정확히 기억하고, 캔버스에 실로 공간을 구획하여 구도를 잡고 손가락으로 짚어서 색을 칠해 완성해가는 형식입니다. 절대의 집중력이 필요한 작업이고 작업

속도도 매우 느립니다. 하지만 그는 이렇게라도 무엇을 만들어나 간다는 게 너무 고맙고, 살아갈 이유를 찾았다고 합니다.

젊었을 때 그는 처음에는 만화를 그렸습니다. 그림은 그리고 싶고, 또 어려운 가정형편상 돈을 벌어야 했는데 마침 손재주가 있는 그를 눈여겨보던 만화 그리는 업체에서 스카우트를 했습니다. 그렇게 20년 넘게 만화를 그렸습니다. 그런데 그는 애초부터 자신의 그림, 즉 유화를 그리고 싶었습니다. 그는 여기서 선택을 합니다. 지금까지 다니던 만화공장에서(만화를 그리던 직장을 그곳 직원들이 이렇게 부른다고 합니다) 간부가 되어 10여 명의 직원들이 자신의 말을 따라 움직이는 등 굉장히 편한 생활을 하고 있는 그였지만, 오랜 꿈이었던 유화를 그리기 위해 이 모든 기득권을 버리고 직장을 그만뒀습니다. 그리고 유화를 그리기 시작했습니다. 물론 처음에는 실수 연발이었고, 머릿속에 생각했던 작품들이 나오지 않았습니다. 이러니 주위 사람들도 염려의 눈길을 보냈겠지요.

그렇지만 그는 자신의 선택을 의심하지 않았고 하나둘 유화의 기법과 자신만의 색을 찾아냈습니다. 그의 그림을 본 사람들의 입소문으로 서울 유명 비엔날레에서 초청을 받았습니다. 백여 개 되는 화가들의 부스 중 그의 부스에 사람들이 가장 많이 몰렸습니다. 이를 본 서울의 유명 화랑에서 그를 전속 화가로 뽑았습니다. 소위 잘 나간다고 하는 때였습니다. 졸지에 고급 전용차와

운전사가 딸린 생활을 하는 성공한 화가가 되었지요. 외국에서 열리는 비엔날레에 초청도 받았습니다. 그리고 호사다마라는 말처럼 중요한 전시회를 앞두고 서울 작업실에서 일하고 춘천으로 내려오던 중 큰 교통사고가 나고 맙니다. 국도변에 세워둔 트럭의 뒤를 받는 사고가 났습니다. 그는 서울에서 저녁을 먹으며 마신 술로 자고 있어서 사고가 난 줄도 몰랐습니다. 정신을 차리고 나니 몸은 여기저기 부러져 있고 앞이 캄캄한 게 보이지 않았습니다. 뼈가 부서지고 피부가 상한 것은 몇 번의 수술을 하는 것으로 어느 정도 회복됐으나 눈은 끝내 보이지 않았습니다. 처음에 병원에서 의사 선생님이 차차 좋아질 거라고 말해 희망을 가져봤습니다. 하지만 그것이 절망을 느낄 오빠를 위해 여동생이 부탁한 말이었다는 것을 알고는 깊은 절망에 빠졌습니다.

차라리 처음부터 안 보였으면 그러려니 적응도 할 텐데 멀쩡히 잘 보이던 세계가 두꺼비집이 나간 것처럼 깜깜하니 난데없는 형벌이 따로 없었습니다. 시각장애인도 정도가 있어서 어렴풋이 형태를 볼 수 있는 급부터 몇 단계가 있는데 그는 전혀 안 보이는 수준이었습니다. 처음에는 '왜 내가!'라는 생각으로 억울했고, 울고불고하다가 조금은 체념을 하게 되었습니다. 무엇보다 이제 막 자신의 세계가 완성돼가던 그림을 못 그리는 것이 가장 힘들었습니다. 다행히 그에겐 헌신적인 여동생이 있었습니다. 여동생이 그를 밖으로 데리고 나가서 단골식당도 가고 산책을 시켰습니다. 목덜미에 부딪치는 햇살이 느껴졌습니다. 새삼 피부도 느낀다는 것을 알았습니다. 그래도 여전히 앞은 깜깜했습니다. 하지만 어쩌겠습니까. 길을 찾아야 했습니다. 열심히 운동하고 재활치료에 전념했습니다. 그렇지만 행복한 삶을 살 생각은 하지 못했습니다. 어느 날 동생이 그에게 그림을 그려보라고 했습니다. 이 말을 들은 그는 화를 냈습니다. 놀린다는 생각이 들었기 때문입니다. 맹인에게 그림이라니……. 그런데 그 말을 듣고 며칠이 지나자 갑자기 미칠 듯이 그림이 그리고 싶어졌습니다. 그래서 동생의 아파트 거실에 작업실을 차렸습니다. 이미 화가였지만, 눈이 안 보이게 된 그는 더 이상 화가가 아니었습니다.

처음 그림을 배울 때보다 더 어려웠습니다. 대략의 구도가 잡히면 캔버스에 못을 박고 실로 구도를 잡았습니다. 재료도 낡은 청바지나 옷감 등을 오려 입히는 작업으로 바뀌었습니다. 색감과 입체감을 주기 위한 나름의 고육책이었습니다. 그렇지만 여전히 물감의 색은 엉뚱한 데 칠해졌고, 구도도 잘 잡히지 않았습니다. 무엇보다 자기가 만든 작품을 자기가 볼 수 없으니 환장할 노릇이었습니다. 그림이고 뭐고 다 때려치우고 싶었고 실제로 화구를 모두 갖다 버리라고 했습니다. 앞이 보이지 않는 자가 그림을 그리는 일은 원래 불가능한 일이었다는 마음이 굳어졌습니다.

그렇게 그림을 포기하면 편해질 줄 알았습니다.

그런데 정말 괴로웠습니다. 그림이 없다면 자신의 존재 이유가 없었습니다. 지옥이 따로 없었습니다. 그래서 다시금 마음을 다잡았습니다. 심기일전, 동생과 손잡고 다시 도심으로 산책도 하고 음식점도 찾았습니다. 거리를 걷는 사람들의 말소리와 웃음소리를 들었습니다. 자신이 할 수 있는 게 그림뿐이라는 생각이 들었습니다. '나는 앞을 못 볼 뿐이지만 팔다리하고 정신도 멀쩡하니 다행이지 않은가.' 갑자기 해볼 만하다는 생각이 들었습니다. 그는 여동생의 손을 잡고 다시 그려보겠다고, 오빠를 믿어달라고 했습니다. 그러고는 정신을 다잡았습니다.

2013년 10월 사고가 나고 2014년 8월 다시 그림을 그린 지 2년 5개월 만에 개인전 〈눈을 감고 세상을 보다 특별전〉을 서울 갤러리 쿱(Gallely Coop)에서 열었고, 그해 11월 KT&G 상상마당 춘천미술관 개관 기념전 〈개화 Begin to Bloom〉을 열었습니다. 그 이듬해인 2018년 2월에는 한·미 국제현대미술교류전 단체전에 참가하였고 또 1년이 지난 2019년 4월에는 KBS초대전을 KBS춘천총국 갤러리에서 열었습니다. 그는 이제 당당한 화가로서 살아가고 있습니다. 만약 그가 앞을 못 본다는 사실만으로 그림을 포기했다면 어땠을까요. 지금 느끼는 행복과 성취감을 느낄 수 있었을까요. 한순간의 선택이 또 한 번 빛을 발하는 때이기도 했습니다.

소아마비에
듣지 못하는 화가

그리고 또 한 분의 장애인 화가가 있습니다. 선택과 실수의 중요성을 이야기하는데 왜 장애를 가진 화가를 등장시키는가 하는 의문이 있을 수 있겠습니다. 그렇지만 이는 무슨 차별도 아니고 필자의 기호 문제도 아닙니다. 요는 장애인들은 어떤 선택을 하고 그것이 한 번 결정되면 돌이키기가 비장애인보다 훨씬 힘들다는 점이 작용을 했을 것입니다.

이번에 소개할 화가는 앞에서도 말씀드렸지만 홍역을 앓고 청력을 잃어 말하는 사람의 입 모양을 보고 알아듣고 또 어눌하지만 말을 하며 그림을 그리는 화가입니다. 그런데 그는 그림만 그리지 않고 시도 쓰고 영화평론도 쓰는 전방위 예술가인 데다가 늘 웃음 띤 얼굴로 오히려 사람들의 마음을 더 환하게 해줍니다. 게다가 학교 때는 학업 성적도 우수하여 국립대인 강원대학교 미술교육과에 지원했을 때 졸업 후 교편을 잡지 않는다는 각서를 쓰게 하고 입학을 허가했습니다. 그가 장애를 갖고 있었을 뿐 성적은 수석이었으니 그런 유례없는 조건을 붙인 것이었습니다. 지금은 비난받을 조항이 그때는 아무렇지도 않게 붙었고, 무엇보다도 화가가 간절히 입학을 바랐다고 합니다.

대학교에 들어가서는 연극 동아리에 들어가 또 한바탕 소동이 벌어졌습니다. 그렇지만 그는 무대미술 쪽을 완벽하게 소화해 냈습니다. 극본을 읽고 거기에 맞는 분위기를 적절히 만들어냈습니다. 지금 그는 자신의 이름을 딴 화실을 만들어 그림 동호인들을 가르치며 지내고 있습니다. 미술교육과를 졸업하고도 왜 아이들을 못 가르친다고 생각했는지 의문이 드는 대목입니다. 만약에 선생님을 했다면 경제적으로 매우 안정이 됐을 것입니다. 어쩌다 얘기가 다른 곳으로 샜지만, 암튼 이런 저간의 상황에서도 정작 그는 명랑합니다.

세 살 때 소아마비를 앓았고 본인은 다리를, 누나는 소리를 잃었다고 합니다. 정상적인 보행이 어려웠던 그는 설상가상 귀도 들리지 않았습니다. 여기에 어머니는 애들을 놔두고 집을 나가버렸습니다. 무능했던 아버지였지만 그에게 밀레의 〈만종〉과 〈모나리자〉 그림을 보여주며 같이 놀아주었습니다. 초등학교 때 그는 만화를 그렸는데 친구들에게 인기가 좋아 이를 장편으로 엮어 돌려 보기도 하였습니다. 영리했던 그는 중학교와 고등학교 때 미술부에 있으면서 책을 많이 읽었고 공부를 열심히 했습니다. 그래서 그의 목표는 서울대였을 정도인데 무슨 이유인지 부친이 반대했다고 합니다. 이렇게 시작된 아버지와의 불화로 대학 시절 가출도 하고 그랬지만 연극반, 문학반, 방송반, 사진반 등을 들락

거리며 나름 재미있게 학창 시절을 보냈습니다.

그렇지만 늘 생활이 문제였습니다. 후배의 화실에서 미술 지도를 하며 1997년에 첫 개인전을 열며 전업작가의 길을 걸었습니다. 그는 지체와 청각장애라는 중복장애를 겪고 있지만 이상하리만큼 자신의 장애를 의식하거나 열등감 같은 것을 가져보지 않았습니다. 그는 자신의 장애를 오히려 열심히 예술 활동을 해야 한다는 뜻으로 해석하고 살아갑니다. 그래서인지 그는 지금도 가장 기억에 남는 작품으로 오 헨리의 「마지막 잎새」를 꼽습니다. 절망의 마지막 잎새에서 희망을 이끌어내는 힘을 자신의 그림 주제로 삼았습니다. 그리고 그는 지금 '갈대'를 주제로 '갈 때까지 그려보자'고 다짐을 합니다. 몸도 불편하고 나이도 많지만 아직 열혈 청년같이 의욕적입니다. 개인전이 15회가 넘고 단체전은 150회가 넘습니다. 만약에 그가 자신의 처지를 절망하고 보호시설로 갔다면 어땠을까요. 또 만약 그가 원했던 대로 서울대로 진학했다면 어땠을까요. 누구도 지금의 그와 또 다른 선택을 했을 때의 그를 복기하거나 비교할 수는 없을 것입니다. 하지만 분명한 것은 그는 선택을 했고, 그렇게 놓인 길을 최선을 다해서 걸었고 지금은 행복을 느끼고 있다는 것입니다.

험한 산도 길이
있기 마련입니다

이렇게 두 분의 화가 이야기를 늘어놓고 보니 새삼 부끄러움을 느낍니다. 그동안 나는 어떤 선택을 해왔고, 그 선택에 최선을 다했는지 되돌아보게 됩니다. 우리 삶에 있어 선택도 중요하지만 이렇게 되돌아보고 고민하는 시간도 매우 중요합니다. 이는 마치 낮과 밤이 있는 이치와 같습니다. 낮에는 햇빛을 받고 광합성을 해야 식물들은 자랄 수 있습니다. 그렇지만 또 밤 없이는 식물들이 잘 자랄 수 없습니다. 특히 동물처럼 몸을 움직일 수 없는 식물에게 24시간 주기로 생리활성을 조절하는 생체시계는 생존에 매우 중요한 역할을 합니다. 이 생체시계는 저녁에 활성화가 최대치가 되는 '이브닝 복합체'를 만들어 생물학적 활력을 준다고 합니다. 이처럼 밤도 낮만큼이나 생명들이 자라는 데 중요하듯이 삶에서 열심히 앞으로 나가는 것도 중요하지만 가끔 자신의 길을 되돌아보며 성찰하는 것도 매우 중요할 듯합니다.

관련해서 흥미로운 이야기가 있습니다. 몇 년 전 나사(NASA)에서 허블을 대체할 망원경을 쏘아 올렸다고 합니다. 허블은 지난 1990년 나사가 지구 상공 559킬로미터 지점에 쏘아 올린 우주 망원경입니다. 우리가 교과서에서 본 대부분의 우주 사진이 바로 이

허블 망원경으로 찍은 것입니다. 그런데 이 사진들이 다 바뀌고 있습니다. 새로 쏘아 올린 우주망원경 '제임스 웹'은 연구 개발에만 25년, 약 12조 원이 투입돼 허블보다 100배 이상의 성능을 보입니다. 과학의 발전은 늘 현재에 대한 고민과 아쉬움에서 발전을 합니다. '제임스 웹' 망원경이 우주의 비밀을 캐낼지 많은 과학자가 기대를 걸고 있다고 합니다. 우리네 생이 이와 같은 확실한 인과관계에 있지는 않지만 어쩌면 이런 과학의 발전과 비슷한 모습을 띠고 있다는 생각이 들었습니다. 내 생활 습관에서 이게 안 좋으면 고치고, 또 이게 좋을 것 같으면 또 그렇게 고치고…… 그러면서 조금 더 나아진 내가 되어가는 것 아니겠습니까.

이처럼 작은 선택이 연결을 만들고 인생을 이룹니다. 이는 여러분들이 즐겨하는 게임에서도 마찬가지이겠지요. 항상 답은 다른 경로에서 생각하지 못했던 대처가 승리의 요체가 되는 것이니까요. 이처럼 어떤 선택을 하느냐, 어떤 선택이 지혜로운가는 지나가봐야 알지요. 그래서 우리는 오랜 경험을 한 사람들을 선생님으로 모시고 배웁니다. 어떤 선택을 하니 어떻게 될 확률이 높더라……. 저는 이게 공부이고 지혜이고 과학이라고 봅니다. 그래서 노인들은 공경을 받아야 합니다. 단순히 나이가 많다고 해서 공경이나 존경을 받는 게 아니고 이만큼 거친 삶을 살아오면서 생긴 경험이 후대 사람들에게 도움을 주기 때문이지요. 그래서 '한 분의 노인은 하나의 도서관'이라는 말도 있지요. 그런데 요즘은 노인 분들에 대한 존경이나 공경이 좀 덜한 것 같더라고요. 뭐 인터넷에 보면 모든 정보가 다 있으니 그럴 만하다가도 왠지 씁쓸한 기분이 드는 것은 어쩔 수 없습니다.

힘들게 살아오신 두 화가분의 얘기를 한 것도 선택과 연결의 얘기를 하기 위함입니다. 남들과 다른 선택을 한 이들의 삶, 정답이 없는 삶이기는 하지만 확실한 것은 이것입니다. 이 지구상에, 조금은 막막하고 심심할 수도 있는 이 지구에 사람으로 태어났다는 것, 이것이 이미 하나의 기적이고, 엄청난 은혜라는 것입니다. 은혜라는 말을 쓰니 특정 종교를 떠올릴 수 있지만 기실 은혜라는 말은 그 종교가 퍼지기 이전에 흔하게 썼던 말입니다. 어쨌든 지금은 피부에 안 와닿을 수 있겠지만 사람으로 태어났기에 이렇게 좋은 친구들과 부모님과 함께 맛있는 것도 먹고, 재미난 게임도 할 수 있는 것이겠지요. 뭐 때때로 짜증도 나겠지만 전체적으로 보면 절대로 손해 보는 장사가 아닙니다.

어찌 보면 우리는 이 삶이 기적이라는 것을 배우기 위해 태어난 것인지도 모릅니다. 그러니 너무 잘하려고, 실수하지 않으려고 조바심 내지 말고 사회라는 공동체에 해악을 끼치지 않는 선에서 자기가 좋아하는 일이 무언지부터 알아가십시오. 그 길은 때로 다른 사람의 것과 달라서 '도로 없음'으로 막힐 때도 있겠지만 누구도 아닌 여러분의 길로 인도할 것입니다. 눈앞에 있는 크고 험한 산은 길이 없는 듯하지만 산 밑에 다가가면 오롯한 산길이 보이기 마련입니다. 한 걸음, 한 걸음, 내딛기 시작하면 충분합니다. 여러분의 그 걸음에 행운과 건투를 빕니다.

제2장

여러분이 꿈꾸는 각자의 삶은 어떤 모습인가요?

글쓴이_ **김성희**

한양대학교에서 '과학철학'을 기초로 하는 필수교양과목과 심화과목을 가르치고 있다. 연구 분야는 최근에 쟁점이 되는 ESG(Environmental, Social, and Governance: 환경, 사회, 그리고 거버넌스)와 국제협력 개발과 이해를 기초로 하는 ODA(Official development assistance: 정부개발원조, 공적개발원조)이다. 충청남도 논산시 명예시민이고, 한양대학교 창의융합교육원(과학철학교육위원회) 교수, 컬렉티브임팩트센터(Collective Impact Center)의 부센터장으로 봉사하고 있다. 그리고 과학기술윤리법정책센터에 선임연구원, 한국방과후학교학회 학술위원장, 국가평생교육진흥원의 외부 위원으로 활동 중이다. h2shkim@hanyang.ac.kr

내 삶의
이스터 에그를 찾자

재미를 위해 몰래
숨겨놓은 메세지 찾기

아마 게임에 흥미가 있는 청소년이라면 한 번쯤 이스터 에그(easter egg)라는 단어를 들어봤을 것 같습니다. 이스터 에그는 게임 개발자가 게임 속에 '재미'로 몰래 숨겨놓은 메시지나 기능이랍니다.

게임 플레이에 영향을 거의 미치지 않는 '깜짝 요소'들이 대부분이기 때문에, 특정 조건을 달성해서 지속적으로 사용할 수 있는 '숨겨진 캐릭터'나 무기, 길, 미션 등과는 차별화되는 개념이랍니다(이재진, 『게임용어사전: 기관/용어』, 네이버백과사전, 2013). 이스터 에그는 게임의 정상적인 기능이 아니며, 찾는 것 자체에 의미가 있기 때문에 반드시 숨겨져 있답니다. 개발자가 고의로 숨겨놓은 것이기 때문에 항상 같은 동작을 취하면 찾을 수 있다는 특징이 있으며, 게임을 플레이하는 유저들은 순수하게 '재미' 때문에 이스터 에그를 찾아서 감상하기도 합니다.

꿈의
의미

청소년 여러분은 꿈에 대해서 자주 이야기하거나 혹은 질문을 받나요? 여기서 꿈은 어떤 것일까요? 단기적으로 교내 시험을 앞두고 있는 경우에는 그 시험을 잘 마치는 것이 꿈일 수도 있고, 10년이나 20년 후 나의 모습이 어떨지 상상해보는 것 역시 그 꿈의 범주에 들어갈 거랍니다. 그렇다면 꿈의 사전적 의미에 대해서 잠시 살펴볼까요? 꿈의 사전적 의미는 잠자는 동안에 깨어 있을 때와 마찬가지로 사물을 보고 듣는 현상, 실현하고 싶은 희망이나 이상, 실현될 가능성이 아주 적거나 전혀 없는 헛된 기대나 생각을 뜻한답니다.

아마도 우리가 청소년 시기에 가장 많이 듣는 꿈은 '실현하고 싶은 희망이나 이상'에 해당하지 않을까 싶습니다.

스티븐 스필버그 감독의
영화 〈레디 플레이어 원〉

이번 장에서는 영화를 통해 나의 꿈과 나의 이스터 에그에 대해서 생각해보려고 합니다. 2018년 개봉한 스티븐 스필버그(Steven Allan Spielberg) 감독의 〈레디 플레이어 원(Ready Player One)〉은 미국의 SF 영화로, 어니스트 클라인(Ernest Christy Cline)의 동명 소설을 영화화한 것이랍니다. 아마 이 영화 제목이 낯설 수 있지만, 본문 36쪽의 포스터와 책 표지를 보면 '어디선가 본 적이 있는 것 같은데'라는 느낌이 들 것 같아요. 그리고 예고편을 보면, 분명히 이 영화에 대해 들어보거나 본 적이 있다고 느낄 거랍니다.

이 영화는 '오아시스(oasis)'라는 가상현실 게임이 지배하는 2045년 미래시대를 배경으로 하고 있습니다. 암울한 빈부격차로 현실의 삶을 비관한 사람들이 2025년에 출시한 가상현실 오아시스를 파라다이스로 여기며 많은 시간을 오아시스에 접속해서 냉혹한 현실의 도피처로 삼고 있는 이야기랍니다. 어느 날 오아시스의 창시자인 괴짜 천재 제임스 할리데이는 자신이 오아시스 속에 숨겨둔 세 개의 미션에서 우승하는 사람에게 오아시스의 소유권과 막대한 유산을 상속한다는 유언을 남기고, 그가 사랑했던 1980년대 대중문화 속에 힌트가 있음을 알려줍니다. 모두의 꿈

〈레디 플레이어 원〉 영화 포스터 일부분과 원작 책 표지

〈레디 플레이어 원〉 영화 포스터의 이스터 에그 이미지
영화 포스터에 표현된 이스터 에그 'REaDY PLaYER ONE'의 단어를 잘 보면
미로로 구성되어 있고, 들어가는 입구는 REaDY의 'R'에 하나 있지만 나가는 곳은 없다.
대신 ONE의 'O' 부분에 달걀 모양이 그려져 있는데,
이는 입구에서부터 이스터 에그까지의 통로는 단 하나의 미로라고 이해할 수 있다.

과 희망이 되는 오아시스를 지키기 위해 반드시 '오아시스' 속에 숨겨진 이스터 에그를 찾아야 하는 모험을 그린 이야기랍니다.

혹시 나의
삶이 힘든가요?

아마 지금 이 글을 읽고 있는 청소년 중에는 나에게 주어진 숙제, 과제, 활동들이 버겁거나, 혹은 친구들과의 교우관계가 원만하지 못해서 현실을 비관하는 친구들이 있을지 모릅니다.

정말로 나의 삶이 너무 버겁고 암울할 때, 여러분은 그 시간을 어떻게 보내나요? 암울한 채로 그 시간이 지나가기만을 기다리나요? 혹은 〈레디 플레이어 원〉 영화의 주인공 웨이드처럼, 가상현실 세계를 체험할 수 있는 게임과 같은 나만의 탈출구를 가지고 있나요?

앞서 언급한 것처럼 이스터 에그는 컴퓨터 프로그램 제작자가 자신의 작품 속에 숨겨놓은 재미있는 것들이나 사용자를 깜짝 놀라게 하는 것을 의미한답니다. 프로그램 설계자들이 이스터 에그를 설정할 때는 ① 소프트웨어의 정상적인 기능이 아니라 숨겨져 있으며, ② 항상 똑같은 방법으로 어떤 사람이 하건 같은 결과를 볼 수 있어야 하며, ③ 버그처럼 실수로 삽입되는 것이 아니고 프로그래머가 고의로 숨겨놓았다는 것입니다.

나의 이스터 에그는
무엇일까?

아마 우리 삶에 설계자가 있다면, 그 역시 분명 우리 각자가 삶을 의미 있게 살 수 있는 동기를 마련해두지 않았을까 싶어요. 이러한 동기가 우리 삶의 이스터 에그가 되지 않을까요?

내가 소망하는 꿈을 이루는 데 장애를 만났을 때, 단숨에 포기하거나 낙오하지 않고 도전할 수 있는 흥밋거리가 있다면, 그것이 바로 우리 삶의 이스터 에그이자 삶의 원동력이 될 수 있을 거랍니다.

여러분이 꿈꾸는 각자의 삶은 어떤 모습인가요? 생각해본 적이 있나요? 그 꿈을 이루기 위해 우리는 각자 '어떤' 노력을 해야 하지 않을까요? 분명 여러분의 삶을 설계한 누군가가 여러분 각자가 삶의 주인으로서 지치지 않고 끝까지 완주할 수 있도록 숨겨놓은 이스터 에그가 있을 거랍니다.

문제는 이러한 이스터 에그를 찾기가 쉽지 않다는 거예요. 지금의 어려운 현실, 어려운 과제, 어려운 교우관계 등을 해결할 수 있는 '숨겨둔 재미있는 힌트', 나의 삶의 이스터 에그는 어떻게 찾을 수 있을까요?

나의 이스터 에그는 어떻게 찾을 수 있을까?

그 방법은 각자의 삶에 이스터 에그가 있다는 믿음을 갖는 것이에요. 다시 말하면 나의 삶에 '이스터 에그가 있다. 그리고 나는 그 이스터 에그를 찾을 것이다.' 문제는 그 이스터 에그는 숨겨져 있기 때문에 내가 나의 삶에 대한 태도, 문제해결 방법에 대해 고민할 필요가 있다는 점이에요.

그러기 위해 나의 삶에 대해 좀 더 긍정적이고 도전하는 자세가 필요하답니다. 나의 삶의 이스터 에그를 찾기 위해서는 여러분이 각자 꿈꾸는 삶 앞에 주어진 과제들에 끊임없이 도전하고 실패하고, 또 도전하는 자세가 필요하답니다.

누군가는 그러한 여러분의 도전이 '실패'할 때, 실패'했다'고 단언할 수도 있겠지만, 여러분을 응원하고, 여러분을 아끼고 사랑하는 주변 사람들은 실패'했다'고 평가하지 않고 성공으로 가는 여정에서 또다시 여러분을 지지해줄 거랍니다. 또한 여러분의 삶에 숨겨져 있는 이스터 에그, 실수가 아닌 고의로 주어진 그 이스터 에그가 무엇일지 궁금해하는 호기심이 필요하답니다.

나의 삶에 주어진 이스터 에그를 찾기 위해서는 내가 어떤 삶을 살고 싶은지 스스로에게 물어봐야 하고, 내가 꿈꾸는 그 삶을 먼저 살고 있는 주변 사람들의 이야기를 직간접적으로 들을 수 있는 기회를 찾아야 한답니다. 요즘에는 그 직간접적인 기회를 생각보다 찾기가 쉽답니다. 어떻게 하면 될까요? 맞습니다! 바로 인터넷을 통해 검색하면 된답니다. 그리고 다양한 책과 영화 등을 통해 정보를 얻을 수 있답니다.

비록 청소년 여러분 앞에 주어진 삶의 무게가 각자 수행하기에는 버거울 수 있지만, 결코 그 무게에 무너지지 말고, 그 무게를 감당할 수 있는 각자 삶의 이스터 에그를 찾길 응원합니다.

제3장

독립적인 '나'를 발견하는 순간이 왔다면

글쓴이_ **김별아**

소설가. 1969년 강원 강릉에서 태어나 자랐고, 연세대학교 국어국문학과를 졸업했다.
1993년 실천문학에 중편 「닫힌 문 밖의 바람소리」를 발표하며 등단해, 제1회 세계문학
상, 제10회 허균문학작가상 등을 수상했다. 『미실』『영영이별 영이별』『채홍』『가미가제
독고다이』『탄실』외 장편 소설 다수와, 『가족판타지』『이 또한 지나가리라』『삶은 홀수
다』『도시를 걷는 시간』『월성을 걷는 시간』등의 에세이, 『스크린의 독재자 찰리 채플
린』『네가 아니었다면』등 청소년과 어린이를 위한 책 다수를 펴냈다.

나를 사랑하는
글쓰기

처음
그 순간

1963년 어느 봄날의 일이었습니다. 대구 계성중학교 2학년 교실에서 난데없는 박수 소리가 터져 나왔습니다. 까까머리에 목까지 단추를 채운 검은 교복을 입은 학생들 앞에 키 작은 소년 하나가 서 있었습니다. 소년은 국어 시간에 숙제로 받은 시 한 편을 떨리는 목소리로 발표했는데, 그것은 소년이 난생처음 써본 시였습니다.

"잘했다. 호승이는 열심히 노력하면 좋은 시인이 될 수 있을 거야."

낭독을 마치고 제자리로 돌아가는 소년의 까까머리 뒤통수를 쓸어주며 선생님이 말씀하셨습니다. '시인'이라는 낯선 말, 그리고 뒤통수에 닿은 선생님의 따뜻한 손길은 소년의 삶을 바꾸었습니다. 지금 여러분이 교과서를 통해서도 만날 수 있는 시인 정호승이 60년이 지나도록 잊지 못하는, 시인이 되고자 마음먹었던 처음 순간입니다.

정호승 시인뿐 아니라 많은 작가들이 이런 순간을 기억하고 있습니다. 학창 시절 우연히 쓴 글이 칭찬을 받거나 상을 받으면서 시와 소설, 문학에 새롭게 눈뜨고 관심을 갖기 시작한 작가들이 많습니다. 설령 작가가 아닌 다른 직업을 갖게 되더라도 평생토록 글쓰기에 대한 열망, 문학에 대한 순정을 품고 사는 경우도 흔합니다.

왜 하필 글쓰기일까요? 왜 청소년기의 글쓰기가 사춘기가 시작되고, 자의식이 싹트고, 나만의 삶을 찾겠노라고 결심하는 계기가 될까요?

태어나서 성년이 되기 전까지 대부분의 사람은 부모를 비롯한 보호자의 그늘 아래서 성장합니다. 그래서 미성년의 삶은 대개 '누군가의 무엇'으로 사는 것입니다. 아버지 어머니의 아들딸, 누구의 형제자매, 어느 집 맏이나 둘째나 막내……. 학교를 가도 무슨 학교 몇 학년 몇 반 몇 번이라는 이름표를 붙이고 살게 되니다. 타고난 기질이 제각기 달라도 나이와 배경이 비슷하면 생각까지 비슷하다고 여겨집니다. 자신의 개성을 인정받기 힘든 상태에서 그저 시간을 따라 성장하는 것입니다.

그렇게 살다가 처음으로 독립적인 '나'를 발견하는 순간이 자기가 쓴 글을 인정받는 때입니다. 다른 어느 누구의 후광도 없이 내 힘으로 만들어낸 것입니다. 서툴고 미숙하나마 온전한 나의 것, 그때의 글은 바로 나 자신입니다. '나'를 인정받으면 사람은 당당해집니다. 자기가 지은 성(城)에 성주가 되어 군림하며 소리 없는 적군처럼 몰려오는 외로움과 두려움을 물리칩니다.

중학교 2학년생 정호승은 아버지의 사업 실패를 겪고 의기소침해진 작은 아이였지만 '시인'이라는 꿈을 품으면서 전혀 다른 사람으로 당당하게 성장합니다. 처음 그 순간이 삶 전부를 장악하는 것! 그것이 글쓰기의 매혹, 글쓰기의 황홀, 그리고 글쓰기의 신비입니다.

글을 '잘'
쓴다는 것

그렇다고 글쓰기가 '잘' 쓰는 사람, 특별한 재능을 가진 이들의 전유물은 아닙니다. 거의 모든 한국인이 교육을 통해 모국어를 읽고 쓰는 능력을 가지고 있습니다. 글을 읽고 쓸 줄 안다면 최소한의 글쓰기 조건은 마련되어 있는 것입니다. 그럼에도 불구하고 글쓰기를 어려워하거나 지겨워하는 사람이 있다면, 그것은 지금까지 받아온 잘못된 훈련이나 습관의 결과일 수 있습니다.

일기는 하루 일과를 갈무리하는 좋은 수단이자 꾸준히 할 수 있는 글쓰기 연습입니다. 독후감은 읽은 책의 내용과 그에 대한 자신의 생각을 정리하는 유용한 글쓰기 방법입니다. 하지만 그것이 매일 해야 하는 숙제, 평가받는 과제가 되어버리면 사정이 달라집니다. 우화 속 무엇이든 반대로 하는 청개구리가 아니더라도 자아가 있는 인간이라면 자율성을 제한하며 강제하면 하려다가도 싫어지기 마련입니다.

어김없이 하루를 살아내지만 때로는 할 말이 없는 날이 있고, 할 말이 있어도 하기 싫은 날이 있습니다. 감동적인 책을 읽고 나서도 그 감상을 글로 적기보다는 가만한 되새김질로 대신할 수 있습니다. 그런데도 매일, 반드시, 꼭 써야만 한다면 그 글은 쓰는 게 아니라 짜내는 것이 되어버립니다.

쓰고 싶을 때 쓰면 어렵지 않습니다. 흘러넘친 감정과 생각이 지겨울 리 없습니다. 글쓰기가 어렵고 지겨운 것은 억지로 쓰기 때문입니다. 처벌받을 상황을 모면하기 위해 쓰는 반성문이 좋은 글일 리 없습니다. 대충대충 건성건성 글자 수를 채우기에 급급합니다. 반면 나의 절박한 이해와 요구를 전달해야 할 때, 밤을 새워 쓰고 고치고 다시 쓴 글은 뜻밖의 명문(名文)이 되기도 합니다. 진짜 잘못한 것이 없는데 억울하게 죄를 뒤집어쓰고 쓰는 반성문은 절절한 탄원서가 됩니다. 미치고 팔짝 뛸 것 같은 마음, 그 급박함과 간절함이 저절로 글이 되어 흘러나오는 것입니다.

좋아하는 마음, 그리워하는 마음을 전달하는 연애편지 또한 마찬가지입니다. 절절하게 사랑을 고백하거나 오해를 풀기 위해 진심을 호소할 때는 누구도 글쓰기를 어렵고 지겹다고 느끼지 않습니다. 그리고 글쓴이의 열망과 절박함은 틀린 맞춤법에 서툰 문장일지라도 반드시 읽는 이에게 전달되어 마음을 흔들기 마련입니다.

글을 '잘' 쓴다는 것, 좋은 글을 쓰는 비결은 따로 있지 않습니다. 다만 좋은 글을 쓰기에 충분한 준비가 되어 있지 않은 것뿐입니다. 생각이든 마음이든 일체의 강제나 압박 없이 저절로 흘러넘쳐 쓰는 글이라면 좋은 글, 잘 쓴 글입니다. 그 행복한 경험을 여러분도 한 번쯤 꼭 해보시길 바랍니다.

무엇을
쓸 것인가?

하루 24시간은 모두에게 공평하게 주어져 있습니다. 학교에 다니는 청소년이라면 실제 일과도 비슷비슷할 것입니다. 학교와 집, 학원 정도의 범위에서 생활하고 공부하는 것이 전부일 수 있습니다. 학교 밖 청소년일지라도 미성년의 제약으로 큰 모험을 하기는 쉽지 않을 것입니다. 그래서 일기를 쓰라면 뭘 써야 할지 모르겠다, 매일매일 똑같은 일상이라 쓸거리가 없어서 마음과 생각이 흘러넘치지 않는다고 투덜대는 친구들도 있습니다.

하지만 글감과 쓸거리가 글을 '잘' 쓰는 사람에게만 생겨나고 나타나는 건 아닙니다. 누구도 영화와 드라마의 주인공처럼 소동과 활극을 벌이며 일상을 살지 않습니다. 다만 글로 자신을 잘 표현하는 이들의 눈에는 일상 속에서 다른 사람들에게 보이지 않는 글감과 쓸거리가 보이는 것뿐입니다.

집에서 학교로 가는 길은 늘 같아도 계절에 따라 날씨가 다르고 하늘 빛깔이 날마다 다릅니다. 길가에 심긴 화초도 어제의 꽃망울이 오늘 터지고, 어제 활짝 피웠던 꽃이 오늘 떨어집니다. 주차된 자동차 밑에서 길고양이가 튀어나와 깜짝 놀랄 수도 있고, 우연히 같은 시간에 등교하게 된 친구가 가만히 다가와 발걸음을 함께할 수도 있습니다. 아니, 그 모두가 똑같다 하더라도 내 생각, 내 기분이 다를 수 있습니다. 오늘 좋아하는 아이돌이 새 음원을 발매하는 날이라 설렐 수도 있고, 다음 주에 볼 시험 때문에 마음이 무거울 수도 있습니다.

이를테면 나를 둘러싼 것들, 나까지 포함한 세상의 모든 것이 글감입니다. 한데 무심한 눈길로 보면 그것들은 대체로 별 볼일 없어 보이기 십상입니다. 남들에게도 다 일어나는 뻔한 일, 그렇게 시시한 걸 써도 되나 싶습니다. 너절한 이야기를 주저리주저리 늘어놓기가 부끄럽기도 합니다. 아무리 찾아봐도 나에게는 특별히 쓸 만한 글감이 없는 것만 같습니다.

그런 고민은 '특별함'에 대한 두 가지 오해 때문입니다. 첫 번째는 글감이 반드시 특별한 것이어야 한다는 오해입니다. 두 번째는 내가 가진 글감이 전혀 특별하지 않다는, 본질적으로 나 자신이 특별하지 않다는 오해입니다.

첫 번째 오해는 특별한 것, 즉 독특하고 거창하고 기상천외한 것만 글감이 될 수 있다는 생각에서 비롯됩니다. 글쓰기는 '발명'이 아닙니다. '발견'입니다. 무에서 유를 창조하는 발명이 아니라 이미 있는 것들 속에서 새로움을 발견해 끄집어내는 일입니다. 고대 그리스의 철학자 아리스토텔레스는 『시학』이라는 책에서 "모든 예술은 모방의 예술"이라고 말했습니다. 모방의 사전적 의미는 "다른 것을 본뜨거나 본받음"입니다. 아리스토텔레스는 예술이 자연을, 인간을, 실재하는 세계를 모방한다고 했습니다. 아무리 기발한 상상과 판타지도 실재를 떠나 완벽하게 새로울 수는 없습니다. 한편 모방은 실재를 있는 그대로 본뜨는 모사나 남의 것 일부 혹은 전부를 몰래 따다 쓰는 표절과 다릅니다. 있는 것들을 본뜨되 그 속에서 새롭거나 다른 점을 찾아야 예술이 됩니다. 따라서 특별한 것은 글감 자체가 아니라 세상 모든 것에서 특별함을 '발견'하는 여러분의 눈입니다.

첫 번째 오해가 두 번째 오해와 연관되는 지점이 여기에 있습니다. 특별한 것을 발견하는 눈을 갖기 위해서는 나 자신이 특별해져야 합니다. 스스로 특별해진다는 것은 갑자기 환경과 신분을 바꾸고 엄청난 능력을 갖게 되는 황당무계한 변신을 뜻하지 않습니다. 특별함은 내가 남과 다른 점, 내가 바라보는 세계와 남이 보는 세계가 다름을 아는 일로부터 출발합니다.

"나는 이렇게 평범한데? 등교를 하고 온종일 교실에 앉아 있어도 아무도 나에게 관심을 갖지 않는데? 집에서도 있으나 마나한 존재이고, 잘하는 것 하나 없는 평범 그 자체인데?"

이렇게 항변할 친구들도 있을지 모릅니다. 하지만 공장에서 기계로 찍어낸 상품이 아닌 이상 모든 인간은 하나하나 다를 수밖에 없고, 그 다름 자체가 특별합니다. 남의 눈이 아니라 내 눈으로, 교과서에서 배운 관점이 아니라 내 관점으로, 부모님이 가르쳐준 기준이 아니라 내 기준으로 세상을 다시 바라봅시다. 분명 세상의 어느 누구와도 다른 나만의 특별한 글감이 보일 것입니다.

재미있는 것은, 특별한 글감을 찾는 여정에서 특별한 나를 발견하게 된다는 사실입니다. 남들과 같아지기 위해 기를 쓰기보다는 나의 취향과 시각에 집중해야 좋은 글감을 찾을 수 있습니다. 그래서 글쓰기 연습은 단순히 글을 '잘' 쓰는 기술을 익히는 것이 아니라 나를 찾고 발견하는 지름길이 됩니다. 더불어 그 특별한 나를 이해하고 인정하고 사랑하는 가장 좋은 방법이 됩니다.

생각
일으키기

아무리 좋은 글감을 발견했대도 글로 쓸 생각과 마음이 흘러넘치지 않는다면, 어떻게 해야 할까요?

영화나 드라마에 작가 역할로 등장하는 배우들은 표정부터 고뇌에 가득 차 있습니다. 책상 앞에서 머리를 쥐어뜯으며 고민하다가 애꿎은 원고지와 종이만 북북 찢어 구겨 던집니다. 물론 글쓰기는 쉽지 않은 일입니다. 하지만 그런 클리셰(Cliché)한 장면 때문에 글쓰기는 어렵고 지겨운 것이라고, 일기와 독후감 숙제에 이어 또 한 번 부정적인 편견을 가지면 곤란합니다. 새하얀 종이 위에 첫 문장 한 줄을 쓰지 못해 쩔쩔매거나, 얼마간을 써 내려가다가 갑자기 벽에 부딪혀 다음 문장을 쓰지 못하는 일은 흔합니다. 직업적으로 글을 쓰는 작가들도 종종 그런 벽에 부딪힙니다. 그 이유가 여러분의 글쓰기 능력이 부족해서만은 아니라는 방증입니다. 그러면 대체 무슨 까닭일까요?

"Writing is thinking!"

저는 글쓰기의 '비법'을 묻는 사람들에게 이렇게 대답하곤 합니다. 보통 사람들은 글을 잘 쓰려면 책을 많이 읽어야 한다고 생각합니다. 저 또한 어린 시절에 '책벌레'로 불리며 활자 중독에 가까운 독서 취미를 가졌습니다. 물론 독서는 사고의 폭을 넓히고 글을 풍부하게 하는 데 도움이 됩니다. 하지만 그 자체가 글쓰기에 직접적이고 결정적인 영향을 미치는 것은 아닙니다.

예를 들어 이렇게 비유해볼까요? 음치가 아무리 음악을 많이 듣는다 해도 그 덕분에 노래를 잘하게 되지는 않습니다. 노래를 못하더라도 직접 부르며 음을 교정하고 리듬을 익히는 훈련을 해야 실력을 발전시킬 수 있습니다. 그림도 그렇고 춤도 마찬가지입니다. 남의 작품을 보고 머릿속으로 생각만 해서는 아무 소용없습니다. 직접 그리고 몸을 움직여봐야 합니다. 독서는 감성을 풍부하게 하고, 공감 능력을 키우고, 좋은 문장을 익힐 수 있게 하는 유용한 방법입니다. 하지만 글쓰기를 위해서는 스스로 쓰고 고치는 연습만 못합니다.

"글쓰기는 생각하기!"

독서보다 글쓰기에 직접적이고 결정적인 것이 '생각'입니다. 책상 앞에 앉아 괴로워하며 머리를 쥐어뜯고 원고지를 북북 찢는 것은 글을 쓰기에 '생각'이 충분하지 않기 때문입니다. 글감에 대한 이해가 부족하고 생각이 무르익지 않았기 때문입니다. 무엇을 어떻게 써야 할지에 대한 생각이 충분하고, 생각이 깊고, 생각이 완성되어 있으면 그것을 적절한 문장으로 만들어 옮기는 일은 크게 어렵지 않습니다.

처음부터 아름다운 문장, 이른바 미문(美文)을 쓸 필요는 없습니다. 간혹 좋아하는 작가의 문장을 베껴 쓰는 필사(筆寫)를 통해 문장 연습을 하는 습작생도 있는데, 개인적으로 그런 방법은 크게 권하지 않는 편입니다. 개성이 사라지고 흉내 내기의 위험성이 있기 때문입니다. 문장과 문체는 꾸준히 글을 쓰는 가운데 호흡처럼 자연스럽게 흘러나옵니다. 다만 정확하고 유려한 문장을 쓰기 위해 나쁜 문장, 문법이 틀린 문장은 피하고 좋은 문장을 많이 읽는 연습은 필요할 것입니다.

'생각'이 탄생하는 데는 절대적으로 시간이 필요합니다. 생각하는 시간을 만들기 위해서는 무엇보다 좀 심심해야 합니다. 정신없이 바쁘고 분주한 상태에서는 '생각'이 일어나기 쉽지 않습니다. 스마트폰을 내려놓고 이어폰은 빼어냅니다. 침묵 속에서 가만히 오래 바라보는 시간, 무엇이든 깊이 들여다보는 시간이 필요합니다. 누군가와 주고받는 대화가 아니라 글감이 되는 사물 혹은 사건 혹은 상상과 대화합니다. 스스로 묻고 스스로 대답합니다. 내가 알고 있는 모든 것과 모르는 것들까지 총동원해 질문하고 또 대답합니다. 그때 문득 스치는 감각, 동실 떠오르는 이야기가 시이고 소설입니다.

글쓰기 수업 첫날에 저는 학생들에게 휴대폰을 꺼내어 만보기 애플리케이션을 설치하도록 합니다. 하루에 5천 보 이상, '생각'의 꼬투리를 잡고 걷는 것이 글쓰기 수업의 숙제입니다. 처음 걷기 시작할 때 학생들의 '생각'은 겨울에 눈싸움을 하기 위해 눈을 꼭꼭 뭉쳐 만든 눈뭉치 한 개의 크기일 것입니다. 이제 그것을 품은 채 집을 나서서 5천 보 혹은 1만 보 이상을 굴린다는 기분으로 걷습니다. 걷기는 다리 근육과 심장과 폐를 튼튼하게 하는 동시에 생각의 크기를 키우는 아주 좋은 수단입니다.

생각은 키울수록 커집니다. 생각의 눈뭉치를 굴리고 또 굴리다 보면 어느새 눈사람을 만들 크기로 부풀어 오르는 순간이 옵니다. 그때 재빨리 책상으로 돌아오거나 메모장을 꺼내 흘러넘친 생각을 적습니다. 때로는 단어 하나, 한 문장에 불과할지도 모릅니다. 하지만 부지런한 눈뭉치는 시나브로 눈덩이가 되어 마침내 멋진 눈사람으로 우뚝 설 것입니다.

우리 모두는
본래 시인

'나'를 표현하는 방법은 여러 가지입니다. 마음과 생각을 상대에게 말로 직접 전달하는 방법이 있는가 하면 노래나 그림, 춤으로 표현하는 방법도 있습니다. 그런 다양한 방법 중 한 가지가 글쓰기입니다.

모든 사람이 노래를 잘하고 그림을 잘 그리고 춤을 잘 출 수는 없고, 그럴 필요도 없습니다. 하지만 가수, 화가, 댄서가 되지 않더라도 음악과 미술과 춤을 즐기는 것은 우리의 삶을 풍부하게 해줍니다. 인간은 빵만으로 살아갈 수 없는 존재이고 예술과 표현의 욕구 또한 인간의 본능이기 때문입니다.

문학 그리고 글쓰기 또한 마찬가지입니다. 말과 글, 언어로 자신의 생각과 감정을 잘 표현할 수 있다는 것은 그만큼 타인 그리고 세계와 소통하는 힘을 갖는다는 의미입니다. 그런 의미에서

'잘' 쓴 글은 결국 세계를 향해 자신의 생각과 감정을 솔직하고 분명하게 드러내는 것입니다. '나'를 이해하고 사랑하는 가운데 세계를 이해하고 마침내 타인과 함께 행복해지는 일입니다.

글쓰기를 굳세게 마음먹을 필요는 없습니다. 그냥, 쓰면 됩니다. 여전히 책상 위에 하얗게 펼쳐진 종이 혹은 컴퓨터 문서 파일의 깜박이는 커서가 두렵다면 그 두려움이 아예 없던 시간을 돌이켜보세요. 세상의 언어를 모르는 채로 하나하나 더듬더듬 배우기 시작했던 그때, 여러분은, 우리 모두는 천생 시인이었습니다.

"아, 노란 비가 온다!"

나는 내 등에 업힌 채로 떨어지는 은행잎을 향해 고사리손을 뻗던 어린 시인을 기억합니다. 하늘에서 흩뿌려 내리는 것은 비이고 그 색깔이 찬란한 노란색이었으니, 은행잎은 노란 비, 그날은 노란 비가 길을 흠뻑 적시던 가을날이었습니다. 그에게 중요했던 것은 언어의 구조나 문법이나 문장이 아니라, 자신이 느끼는 세상을 언어라는 낯선 도구를 통해 뱉어내는 것이었지요.

모두를 까마득히 잊고 살지라도 그 순간 우리가 품었던 아름다움은 고스란합니다. 그때처럼 두려움 없이, 이제 눈뭉치를 씩씩하게 굴려봅시다!

제4장

좋은 인생을
살기 위해서
시가 필요합니다

글쓴이_ **원재훈**

시인, 소설가. 1988년 「세계의 문학」(민음사)을 통해 시인으로 등단, 시집 『그리운 102』(문학과 지성사), 『딸기』(문학동네), 장편소설 『망치』(작가세계) 외 다수의 책을 냈다. 푸른숲, 웅진출판, 서울문화사 등에서 편집자로 근무했고, 출판기획집단 〈문사철〉에서 작가로 일하면서, 다수의 기획과 『한국여지승람』(3권)의 역사책을 2023년까지 3년간 집필 출판했다. 방송, 강연 등을 통해 '시의 쓸모'에 대해 이야기하고 있다. 최근에는 도서관에서 중고생을 대상으로 한 강의와, 『청소년을 위한 '유언' 이야기』를 집필하고 있다.

시, 나를 성장하게 하는
내 마음의 기술

시어는 바로 지금
이 글을 읽고 있는 여러분

시인이 되고 싶다는 생각을 중학교 시절에 했으니까, 참 오랜 세월이 흘렀군요. 그때 왜 그런 생각을 했는지 곰곰이 생각하곤 하지만 아직도 그 이유를 잘 모르겠어요. 단지 김소월이라는 시인의 시를 그때 읽었고, 그게 참 좋았어요. 뭐 그 정도.

누군가 당신이 지나온 그 길이 괜찮았냐고 물어본다면, 그런 면도 있고 아닌 면도 있군요. 시인이 되어서 좋은 게 뭐냐고 묻는다면, 지금까지 시를 쓰고 있으니 나에겐 정말 좋은 친구라고 대답합니다. 인생을 살아가는 데 순수하게 도움을 주는, 말 없는 착한 친구라고나 할까. 그래서 시를 여러분에게 권하고 싶은 마음이 듭니다. 시를 읽고 사랑하는 마음을 가진다면 든든한 친구 하나를 사귀는 겁니다. 그건 참 좋은 일 아닙니까?

요즘에 일반인들을 대상으로 '시 창작' 강의를 하는데요. 연령대가 주로 중년층입니다. 첫 강의를 준비하면서 '시어'에 대한 생각을 했어요. 시어란 무엇인가? 여기서부터 강의는 시작됩니다. 시어란 뭘까요? 그것이 시를 위해 특별히 만들어진 단어일까요? 아니 시어라는 게 따로 존재하기는 하는 걸까요? 결론적으로 아닙니다.

시어는 바로 지금 이 글을 읽고 있는 여러분입니다. 이런 비유(은유)는 너무 갑작스럽지요. 바로 시가 그래요. 갑작스럽습니다. 여러분을 시어로 은유한 이유가 있어요. 그것은 여러분이 인생에서 가장 왕성한 에너지를 가지고 살고 있기 때문입니다. 우리 말에 '돌도 씹어먹을 나이'라고 하는데요. 그건 바로 청소년들입니다. 굉장한 에너지가 있어요. 시어는 그런 겁니다.

모든 언어에는 그 나름의 에너지가 있어요. 언어가 독이 되기도 하고, 약이 되기도 하는 거지요. 글로 사람을 죽이고 살리고 할수 있을까요. 그럴 수 있습니다. 그래서 어떤 사람은 칼보다 글이 무섭다고도 해요. 언어는 우리의 일상을 유지하게 하는 인간 고유의 문화입니다. 인간만이 언어를 씁니다. 동물들도 언어를 쓴다고들 하지만 그것은 단지 음성기호에 지나지 않습니다. 인간이 인간인 이유는 언어를 쓰기 때문입니다. 그 언어 중에서도 시어는 마치 깊은 샘처럼 흘러넘쳐 우리 문화에 자양분이 됩니다.

시어는 우리가 쓰는 일상어에서 나옵니다. 엄마, 누나 같은 단어는 일상적이지만, "엄마야 누나야 강변 살자" 하면 시가 됩니다. 마치 똑같은 사람인데 어떤 위치가 되면 다른 사람처럼 보이는 이치와 같아요. 그저 그런 일상어들이 바로 시어입니다. 그런데 단어와 단어가 만나고 연결되면서 시가 되는 순간 엄청난 에너지를 분출합니다.

시를 읽으면서 느끼는 기쁨 중에서 하나가 '새로운 언어'의 발견이라는 겁니다. 평소에는 무심코 지나쳤던 단어가 어떤 시를 통해서 확연하게 눈에 들어온다고나 할까? 예를 들면 오세영 선생님의 「그릇」이라는 시가 그렇습니다. 이 시에 나오는 그릇은 정말 평범한 단어지요. 그런데 시에서 "깨진 그릇은 / 칼날이 된다"라고 하면 뭔가 많은 생각을 하게 합니다. 그릇과 칼날을 같이 생각한 적이 없어서 그런 것도 있지만, 그릇이나 칼이나 평소에 자주 쓰는 단어이기 때문입니다. 음식에 관련된 방송에 조리용 칼들이 화면에 등장합니다. 그 칼들이 만들어내는 음식이 우리를 살리는 거지요. 시는 어떤 이에게는 음식과도 같습니다. 배가 고플 때 짜장면이 생각나듯이, 어떤 순간에 시를 생각하는 사람도 있습니다.

그럼, 시를 어떻게 읽어야 할까요? 아마도 공부하는 학생이라면 시험을 염두에 두고 시를 읽을 겁니다. 그것도 유용한 일이지만, 시험을 본다는 강박 때문에 시가 가지고 있는 고유의 아름다움을 읽어내지 못할 수도 있습니다. 몸에 좋은 음식을 섭취하듯이 좋은 인생을 살기 위해서 시가 필요합니다. 그럼 왜 그런 건가? 그걸 생각해봅시다.

시는 새로운 세상으로 향해
열려 있는 문이다

오늘도 우리는 몇 개의 문을 열고 나왔을 겁니다. 아침에 일어나 방문을 열고, 대문을 열고, 교문을 열고, 편의점 문을 열고 뭐 이런 식으로 우리는 문을 열고 살고 있습니다. 문을 연다는 것은 어떤 공간을 전제로 합니다. 화장실의 문은 화장실이라는 공간을, 대문은 집이란 공간을 전제로 합니다. 그렇다면 인간의 문은 어떻게 여는 걸까요. 인간의 문이라는 것은 우리들의 삶을 상징하기도 합니다. 사실 '앞뒤가 꽉 막혀 있는 사람'이라는 표현이 있듯이, 의사소통이나 감정교류가 안 되는 사람은 고립되기 마련이지요. 이런 사람은 인기가 없고, 사회생활을 잘하지 못할 수도 있습니다. 물론 예외도 있겠지요. 자발적으로 자신이 선택한 고립이나 고독은 어떤 준비 단계에서는 필요한 행위일 수도 있습니다. 부처나 예수와 같은 성인들이 선택한 고독한 길을 우리가 굳이 따라 할 필요는 없을 것입니다. 우리는 지금 일반적인 이야기를 하는 겁니다.

시는 고대부터 현재에 이르기까지 시대별로 다양한 인간들이 체험하고 노래한 마음이기도 합니다. 특히 우리가 명작이라고 말하는 고전들의 경우에는 그것이 우리 삶에 상당한 영향력이 있다는 것을 의미합니다. 요람에서 옹알이하던 시절에 엄마가 세상 전부이듯이, 우리가 성장하면서 엄마와 같은 존재에 의존하기 마련입니다. 그 과정에서 생략되면 정신적으로 심각한 손상을 입어 우울증이나 심지어 극단적인 선택을 하기도 하지요. 좋은 시를 만난다는 것은, 닫혀 있던 문을 열고 좋은 세상을 본다는 겁니다. 내 고통에서 벗어나 타인의 고통을 보고, 그 고통에서 어떤 치유의 방법을 찾아낼 수 있습니다. 시의 문은 거기로 향해 있습니다. 시를 읽으면 그 문이 열리고 우리는 이제껏 보지 못했던 새로운 세상을 봅니다. 거기에서 무엇을 찾을 수 있을까요. 예를 들면, 함께하는 사람일 수도 있을 겁니다.

너와 내가

끈을 잡으면
우리 두 사람 이어지고
보지 못하던 사람이 보고
걷지 못하던 사람이 걸어가는
그런 길이 생기는 신비한 매듭을

비는 하늘과
지상을 이어주는 끈
서로 갈라진
땅을 이어주며
가뭄에 갈라진 틈을 메우고
끈끈하게 이어지는 신비한 매듭,

그 매듭이 풀어지면
세상이 두 배로 넓어지면서
구름이 피어오르고
무지개가 뜨면서
나무가 자라고
꽃이 핀다.

너는 나의 끈,

너는 나의 매듭.

- 원재훈, 「끈」 전문

　이 시에서 보여주는 세상은 서로를 돕고 만나 의지하면서 사는 세상입니다. 이 시는 시각장애인과 청각장애인이 끈을 잡고 가는 것을 보고 나서 쓰기 시작했습니다. 서로 부족한 사람들이 함께 가는 모습. 아, 참 좋은 세상이다. 우리가 서로 싸우지 말고 저렇게 살았으면 좋겠다고 생각했고, 그 마음을 적었습니다. 이 시가 좋다 나쁘다는 둘째 문제이고, 일단 시를 통해 닫혀 있던 문을 열었고, 한 세상을 창조한 겁니다. 그것이 많은 이들이 공감을 얻든 말든 그것은 두 번째 문제입니다. 우선 내가 행복했어요. 아주 잠시 그런 세상을 꿈꾸고 적당한 표현법을 찾고, 시어를 고르면서 뭔가 만들어가는 동안 말입니다.

　오세영 선생님의 시구절도 마찬가지입니다. 선생은 깨진 그릇 조각을 들고 거기에서 칼날을 봅니다. 유리가 깨지면 날카로운 흉기가 되는 것은 다 알고 있을 겁니다. 그 날카로운 단면은 그동안 멍하니 아무 생각 없이 살았던 정신과 마음을 베어버릴 수도 있을 겁니다. 이 시 역시 우리에게 세상을 보여줍니다. 그릇에 담겨 있는 그동안 진부했던 세상이 깨지면서 새로운 형태로 탄생

하는 거지요.

헤르만 헤세가 성장기의 고통을 그린 소설 『데미안』은 알을 깨고 나와야만 새로운 세상을 볼 수 있다는 은유입니다. 새가 알을 깨고 나오지 않으면 그냥 둥지에서 썩어 들어가는 겁니다. 그 알을 누가 대신 깨준다고 해서 날 수 있는 것도 아닙니다. 새는 알을 깨기 위해 안간힘을 쓰는 동안에 하늘을 날 수 있는 날개의 힘을 얻는 겁니다. 그때 대신 누가 알을 깨주면 새는 날지 못한다고 하더군요. 참 무서운 세상의 이치입니다. 이걸 누가 가르쳐주나요.

우리가 아직 체험하지 못한 세상, 그 아름답고도 신비로운 세상을 시를 통해서 먼저 만나보는 겁니다. 세상을 향한 문을 여는 행위입니다. 비록 간접 체험이지만 그것은 세상을 날아가는 새의 날개이고, 세상을 향해 열려 있는 문입니다. 그 문은 누군가 대신 열어줄 수가 없어요. 물론 누군가 그 문까지 가는 길을 도와줄 수는 있을 겁니다. 시인이 그 도움을 줄 수 있는 사람일 수도 있지요.

은유야
사랑해

아마도 여러분들은 어떤 형태가 되었건 문장 공부를 할 겁니다.

자기소개서에서부터 간단한 산문에 이르기까지, 이것은 대학이나 직장에 가서도 마찬가지입니다. 문장을 잘 쓰기 위해서는 일정한 훈련이 필요합니다. 피아노 연주를 하기 위해서 악보를 보고 건반을 짚는 연습을 하듯이 훈련 없이 얻을 수 있는 건 세상에 없습니다. 아주 간단합니다. 갓난쟁이가 걸음마를 할 때도 그러합니다. 넘어지기를 반복하다가 어느 순간에 일어나 걸어가기 시작합니다. 부모가 감동하는 순간입니다.

문장도 마찬가지입니다. 문학에서 문장은 시, 산문, 소설 등그 장르에 맞는 기법이 있습니다. 하지만 어떤 글을 쓰건 간에 비유법은 반드시 들어갑니다. 제품 사용설명서에도 비유법은 필요합니다. 그렇다면 왜 이런 수사법이 필요할까요? 그냥 초등학교에서 배운 한글로 의사전달만 해도 되는 게 아닐까요? 사실 그래도 삶이 불편하지는 않을 겁니다. 한글도 모르고 한평생 사는 사람들도 있는데 말입니다.

우리가 문장을 쓰는 이유는 인간이 성장하기 때문입니다. 인간이 소통하는 존재이기 때문입니다. 인간이 문명을 다음 세대에게 전달하기 때문입니다. 인간이 더 나은 삶을 살기 위해서입니다. 인간이 인간을 이해하기 위해서입니다.

유아기에는 옹알이를 하거나 울고 웃으면서 의사전달을 합니다. 동물의 음성기호와 별반 다를 게 없습니다. 그래서 할아버지들이 걸음마를 하지도 못하는 손주가 귀여워서 우리 강아지 우리 강아지 하는 겁니다. 저도 아이를 키운 경험을 되살려보면 저절로 웃음이 납니다. 이 시기에는 언어 없이도 충분히 부모와 소통할 수 있습니다.

하지만 걸음마를 하고 엄마 아빠를 부르고 여기저기 부딪치면서 성장합니다. 이런저런 경험을 하는 거지요. 그리고 드디어 말합니다. 싫어. 좋아, 사랑해. 아주 간단한 의사 표현을 하지요. 참 신기한 일이지요. 인간의 성장은 인류의 역사와 아주 비슷합니다. 인류도 초창기에는 마치 어린애처럼 표현하면서 살다가 부족, 국가, 민족 등으로 성장하면서 지금에 이르고 있습니다. 돌도끼를 들고 다니면서 광야를 뛰어다니는 원시인과 어린아이는 아주 비슷한 구석이 있습니다.

여러분 삶이 변화하는 순간들이 있을 겁니다. 그중에서도 결정적인 순간이 있습니다. 그것은 한글을 비롯한 언어를 배우고 쓰면서 시작됩니다. 가나다라마바사에서 시작된 인생, 이제 삶을 살아갈 강력한 무기를 '득템'하는 겁니다. 아마도 독서는 전래동화부터 시작될 겁니다. 부모님이 읽어주는 동화를 들으면서 유년기의 혼란스러운 감정들이 자연스럽게 정리됩니다. 이 과정이 없으면 사람은 매우 위험한 지경에 이를 수도 있습니다. 동화에는 은유와 비유가 자연스럽게 녹아 있습니다. 아니, 동화 자체가 앞으로 아이들이 살아갈 세상에 대한 은유입니다.

비유법의 종류는 많습니다. 직유, 은유, 환유 등 아마 수십 가지는 될 겁니다. 이 중에서 직유와 은유가 가장 기본적인 비유법이고, 자주 사용됩니다. 수많은 비유법 중에서 직유와 은유의 개념을 잘 알아두면 나머지 비유법도 이해하기가 쉬워요. 직유와 은유는 수사법에서 가장 많이 사용됩니다. 마치 자매나 형제 같아요. 이 둘의 개념은 아마도 알고 있을 겁니다. 직유는 '~처럼, 같은' 연결어를 이용하여 직접 비유하는 것이고, 은유는 연결어가 없는 간접비유라고 할 수 있지요.

예를 들면, '별은 너의 눈동자'는 은유입니다. 이것을 직유로 바꾸면 '별 같은 너의 눈동자'가 되겠지요. 두 문장은 서로 같은 걸 의미하지만, 표현방식이 다르지요. '같은'이라는 연결어가 있고 없고의 차이가 어떤 차이를 만들어냅니다. 수사법에서 정의하는 비유는 "한 언어의 화자가 어떤 특별한 의미나 효과를 얻기 위해 일상적인 또는 보편적인 그 단어의 의미와 그 단어의 연결체로부터 벗어나는"[•] 언어 표현 형태입니다. 문학적인 정의는 다소 딱딱하지요. 비유법은 내가 알고 있는 단어의 의미를 조금 다르게 표

[•] M. H. 에이브럼즈, *A glassary of literary terms*(『현대시 작법』에서 재인용).

현하는 겁니다. 예를 들어볼까요.

1. 너는 멋있다.
2. 너는 방탄소년단처럼 멋있다.

1은 일상적이고 보편적인 단어인 너와 멋, 있다가 연결된 문장입니다. 2는 조금 다릅니다. 거기에 '방탄소년단처럼'이 있어요. 이 방탄소년단처럼이 바로 비유입니다. 너를 방탄소년단과 비교한 거니까요. 그래서 평범함에서 벗어나 있지요. 아주 간단한 비유(직유)를 통해 특별한 의미가 태어납니다. 이게 뭐가 중요할까요? 결론적으로 아주 중요합니다. 우리들의 삶의 형태가 바뀌게 됩니다.

세상에 의미 없는 삶을 원하는 사람은 아마도 없을 겁니다. 우리는 어떤 의미를 찾아가는 도정에 서 있습니다. 여러분들이 찾는 의미와 내가 찾는 의미가 크게 다르지 않습니다. 삶의 의미를 상실하게 되면 아주 극단적인 일이 벌어질 수도 있을 겁니다. 어느 날, 사랑하는 사람이 '너는 나에게 아무런 의미가 없어'라는 말을 한다면 참 가혹한 일이지요.

김춘수 시인은 "우리는 모두 / 무엇이 되고 싶다. / 너는 나에게 나는 너에게 잊혀지지 않는 하나의 눈짓이 되고 싶다"라고 노래합니다. 바로 이 문장에도 비유가 사용되는군요. 시 속에 '눈짓'은 '의미'의 은유입니다. 이 시를 설명한 문장에서 '노래합니다'는 시인이 시를 적었다는 사실을 음악에 비유한 겁니다.

이제 사유의 폭을 좀 넓혀봅니다. 은유나 직유의 수사법이 습관이 되면, 문장을 쓰는 데 유리할 겁니다. 꼭 시가 아니더라도 말입니다. 시를 읽는 이유가 시인이 되기 위해서는 아닙니다. 시를 즐기고 내 삶에 유용한 그것으로 만들기 위해서지요. 혹시 지금 우울하거나 절망적인 생각이 듭니까? 우울감이나 절망감은 삶의 동반자입니다. 젊은이나 늙은이나 가리질 않아요. 저 역시 마찬가지입니다. 그럼 낙담만 하지 말고 그 마음을 시로 적어보면 어떨까요? 그러면 좀 나아집니다. 그것이 참 묘해요. 내 감정을 잘 적어놓으면 거기에 있는 내가 잘 보여요. 내가 나를 잘 보면 어느 정도의 고통은 견딜 수 있을 겁니다. 그리고 거기에서 또 앞으로 나아가는 거지요.

마음이 땀과 눈물로 젖어

아무리 축축해도

며칠이 지나면 다 마른단다

무겁게 젖어 있어도…, 볕이 있으니

얼마나 좋으냐

슬픔은 온종일 비에 젖어 축 처진 외투 같아서
신발 같아서

비 온 뒤 볕이 좋은 날,
잘 빨아서 널어놓으면
모든 게 좋아진단다.
- 원재훈, 「괜찮지 않아도 괜찮아」

이 시는 제가 좀 우울할 때 쓴 겁니다. 어머니가 언젠가 할 말인데 갑자기 생각이 나더군요. 그래서 어머니 말씀을 좀 다듬어 보니 그런대로 쓸만해서 공개합니다. 이 시에서도 직유와 은유가 있습니다. 산문으로 쓰면 '지금 좀 우울하지만, 조금 지나면 괜찮아질 거야' 정도가 될 겁니다. 그 우울감을 빨래에 비유해놓으니 내 생각이 잘 드러나고 혹시 나와 비슷한 감정이 있는 사람은 공감할 수도 있겠지요. 만약에 시에 관심이 있다면 수사법을 더 공부하고, 관심이 없더라도 가장 기초적인 직유와 은유의 개념을 알아두고 책을 읽을 때 그 의미를 파악해도 좋을 겁니다.

좋은 시를 읽으면 감정이 순화되는 순간이 있습니다. 시인이 만들어놓은 세상엔 은유가 우리와 놀자고 다가옵니다. 은유하고 잘 놀면 기분이 조금은 좋아집니다. 그 기분으로 용기를 내고 내가 할 일을 하는 겁니다.

멸치가
고래를 삼킨 날

청소년 시절이 생각납니다. 그때 내가 왜 그런 결정을 했을까? 친구에게 왜 그런 말을 했을까? 최근에 읽은 참 좋은 책을 그때 읽었으면 어떤 변화가 있었을까? 이런저런 생각이 참 많이 납니다. 시대가 변했으니까 여러분들은 내가 고민했던 것과는 다른 생각을 하고 있겠지요. 그게 뭐냐고 묻지는 않겠습니다.

　서로 다른 우리의 고민을 은유해보십시오. 저는 천 개의 바람 정도가 어떨까 하는 생각이 듭니다. 유명한 노랫말이 생각나지요. 바람을 하나, 둘과 같은 단위로 나눈다는 것 자체가 오문일 수도 있을 겁니다. 하지만 시적 허용이라는 말이 있습니다. 시에서는 논문이나 산문에서 허용할 수 없는 표현을 허락합니다. 마치 좀 못난 사람도 잘난 사람과 어울려 살아야 한다는 말처럼 말입니다. 상식적이지 않더라도 의미가 살아나면 됩니다. 하지만 독자의 동의가 필요하지요.

　내가 살았던 시대와 여러분의 시대가 다르지만 두 시대를 관통하는 게 있습니다. 그건 바로 '내가 나를 사랑하는 일'입니다. 내가 나를 사랑하지 않는다면 세상이 무슨 소용입니까. 나를 사랑하기 위해서는 우선 자존감이 필요할 겁니다. 자존감이 없다면 나의 가치를 알 수가 없습니다. 그래서 심하면 자포자기 상태가 되는 것이 아닐까요? 타인에게 벽을 치는 냉소적인 사람이 되면 세상에 흥미를 잃어버리게 됩니다. 무서운 일이지요. 그 상태가 지속되면 나라는 섬에서 나를 보지 못하는 상태가 됩니다.

나를 보지 못하고 어떻게 나를 사랑하겠습니까? 나를 사랑하는 방법은 나를 일정한 거리를 두고 보고, 다음에 내 아픔을 내가 다독거리면서 달래는 겁니다. 그러다 보면 정확하게 설명하기 힘든 일이 일어납니다. 나의 분노, 아픔, 절망, 뭐 이런 부정적인 것들이 신비롭게도 나의 중요한 일부였다는 사실을 알게 되고 그것을 끌어안게 됩니다. 그 순간 절망이 희망으로 변화합니다. 낙담이 용기로 변하고, 분노가 평화로 변화합니다. 마치 철이 금으로 변하는 것처럼 말입니다. 그래서 시인을 연금술사라고 부르기도 합니다.

나의 두 인성이 하나로 통합되면서 조금 성장합니다. 이건 젊은이나 늙은이나 마찬가지입니다. 나의 존재의 변화는 어디서 뚝 떨어지는 것이 아닙니다. 내가 가지고 있는 것들이 다른 형태로 아니, 내가 바라는 형태로 변화하는 거지요. 내가 그런 상태가 되게 시가 도와줍니다. 그럼 내가 나를 사랑하는 기술을 보유할 수 있을 겁니다.

나는 신발이 아닙니다. 나는 냉장고가 아니에요. 낡고 고장났다고 해서 버릴 수 없습니다. 그래서 고통스럽습니다. 간혹 새 신발을 신 듯이 다른 나를 찾고 싶습니다. 나를 버리고 방탄소년단의 누군가가 되고 싶을 때가 있지요. 저도 나를 버리고 김소월이 되고 싶을 때가 있어요. 하지만 방탄소년단 역시 버리고 싶은 나를 잘 다독여서 변화했을 겁니다. 저 역시 마찬가지입니다. 60년을 살았는데 지금도 그래요. 아무리 유명하고 멋진 사람도 그 사람의 이야기를 들어보세요. 때론 죽고 싶었던 순간을 변화시켜 지금의 그를 만들었을 겁니다.

마음속 깊은 곳에
그대가 산다,
바다 깊은 곳에
고래가 살 듯이.

내 마음의 행로는

시냇물

강물
바다로 이어지는 기나긴 여정

피라미
연어
고래가 윤회하는 물의 넓이와 깊이.

마음속 깊은 곳에
그대가 산다.

폭풍우 치는 어느 날,
바다 깊은 곳에
갑자기 솟구쳐 올라오는
고래 한 마리.

너는 그렇게 세상에 나왔다.
- 원재훈, 「고래」

사람이 성장하는 데에는 시기가 따로 없다는 생각이 듭니다.
유아기에는 유아기대로, 청소년기에는 청소년기대로, 장년이나 중년, 노년도 마찬가지입니다. 나이를 먹는다고 해서 사람이 완성되는 게 아니더군요. 오히려 더 퇴보하는 사람도 있습니다. 하지만 가장 왕성하게 변화하는 시기는 역시 청소년기입니다. 지금 이 글을 읽고 있는 바로 당신입니다. 참 세상이 어지럽습니다. 코로나, 부정부패, 말도 탈도 많아서 기성세대에게 실망했다는 말들도 합니다. 세상 돌아가는 걸 보면, 그건 참으로 당연한 일이지요. 하지만 그 형편없는 세상 때문에 절대 나를 포기하지는 마세요. 나를 사랑하고 너를 바라보는 사람이 행복합니다. 이건 세대를 넘어 변함이 없습니다.

　나를 사랑하면 창의적인 생각이 납니다. 내가 고래라고 생각합시다. 이건 일종의 비유이지요. 바다의 고래처럼 존재감이 넘치는 사람이 바로 너라는 이야기입니다. 이 시를 쓰고 나서 저는 멸치라는 시도 썼어요. 고래가 너라면, 멸치는 나입니다.

　멸치 한 마리가 사라진 자리를
　고래 한 마리가 사라진 자리와
　비교할 수 없다고들 하지만,

　멸치가 고래를 삼킨 날이 온다면
　내가 너를 용서하고

네가 나를 사랑하는 날이 되는 거지

- 원재훈, 「멸치가 고래를 삼킨 날」 중에서

멸치는 고래와는 완전히 다른 관점입니다. 현실적으로 초라한 사람도 멋진 일을 할 수 있다는 발상을 합니다. 서로 반복하며 질시하는 세상을 확 바꾸고 싶은 마음이지요. 그날이 참 요원하다는 뜻도 있지만, 역설적으로 그런 날은 참 가까이 있다는 말이기도 합니다. 멸치보다 더 작은 존재라고 느낀 적이 있다면 이런 발상의 전환을 권합니다. 멸치든 고래든 나만 잘 알면 세상은 나를 중심으로 돌아갈 겁니다. 태양계의 중심이 태양이라고들 하지만, 아니요. 시적 은유로 표현하자면 태양계의 중심은 바로 '나를 사랑하는 나'입니다. 이 글을 보는 너입니다. 참 따뜻한 기운이 전해집니다. 시를 읽고 시를 배우고자 하는 마음은 나를 사랑하고, 성장하게 하는 기술을 터득할 수 있는 마음입니다.

제5장

어떻게 하면 책과
좀 더 가까워질 수
있는지 궁금하다면

글쓴이_ 이동학

1997년부터 학교에서 국어를 가르쳤고, 그 기간의 절반 이상을 경기과학고등학교에 있었다. 학생들에게 책을 많이 읽으라고 이야기했고 자신도 그 말을 지키기 위해 노력했다. 잘사는 것보다 잘 사는 것에 관심을 두었고, 능력보다 태도가 중요하다고 생각한다. 그래서 손에서 책을 놓지 않으려고 노력한다. 동네 아저씨들과 독서 모임을 했고 학교 선생님들, 학생들과 독서 모임을 했다. 가장 뿌듯했던 독서 모임은 중학교 1학년 아들과 했던 모임이다. 책을 읽으면서 좋은 사람들을 많이 만났고, 하고 싶은 말을 글로 쓰기도 했다. 『21세기 청소년 인문학 2』(공저)를 펴냈다.

몸으로 익히는
책 읽기

국어 선생님의
부끄러운 고백

안녕하세요, 만나서 반가워요. 저는 고등학교에서 국어를 가르치고 있고요, 책을 좋아하는 선생님이에요. 아주 오랫동안 1주일에 1시간씩 학생들과 함께 도서관에서 책을 읽었어요. 그 시간을 사랑했고 그 시간이 행복했어요. 저는 오늘 여러분에게 책 읽기에 대한 이야기를 하려고 해요. 어떻게 하면 책과 좀 더 가까워질 수 있는지 이야기하고 싶어요. 그냥 국어 선생님이라서 책을 읽으라고 하는 얘기는 아니랍니다. 아빠로서, 저랑 같은 집에 살고 있는 딸과 아들에게도 하고 싶은 이야기예요. 딸과 아들에게 물려주고 싶은 걸 딱 하나만 꼽으라면 '책과 가까이 사는 것'이거든요. 사실 물려줄 재산 같은 게 없기도 하지만요. 진심을 담아 이야기하고 싶어요. 책 읽기에 대한 이야기를요.

책 읽는 것이 좋은 거라는 건 우리 모두가 알고 있어요. 하지만 우리는 점점 책과 멀어지고 있지요. 책 읽는 시간이 점점 줄어들고 있고요, 그 시간은 휴대전화나 컴퓨터의 화면을 보는 시간으로 바뀌고 있어요. 그건 저도 마찬가지랍니다. 제 휴대전화는 1주일마다 얼마나 사용했는지 알려주는데요. 얼마 전에는 너무 큰 숫자가 보여서 깜짝 놀라기도 했어요. 아무리 방학이라지만 정말 심하다고 생각했어요. 6시간이었는데, 여러분은 어떤가요? 이 정도면 보통인가요? 이용 시간 중에서 많은 부분을 차지하고 있었던 것은 페이스북과 유튜브였어요. 페이스북에서 다른 사람의 글에 '좋아요'를 누르고 내 이야기를 쓰다 보면 시간이 금방 가요. 유튜브는 또 어떤가요? 별 생각 없이 영상 하나를 봤다가 한두 시간을 보고 있을 때도 있어요. 정말 신비한 알고리즘이에요. 어쩌면 내가 재미있어 하는 것만 보여주는지. 지나간 드라마를 몰아보기도 하고 재미있는 예능의 하이라이트를 보다 보면 한나절이 뚝딱 지나가기도 해요.

처음에는 엘리베이터를 기다리고 차를 기다리다가 남는 시간이 아쉬워 휴대전화를 봤던 거 같아요. 그 잠깐, 몇 분 동안 휴대전화를 보면서 시간을 아껴서 잘 사용한다는 생각을 했어요. 그런데 그 시간이 조금씩 늘어나더라고요. 화장실에 갈 때 너무나 자연스럽게 휴대전화를 가져가고, 휴대전화를 보면서 밥을 먹게 되더라고요. 어느새 침대에서, 소파에서 휴대전화와 한몸이 되기도 했어요.

게임도 그래요. 시간이 남아서 딱 한 판만 하려고 했는데 어느새 모니터에서 이런 문구를 보게 돼요. "과도한 게임 이용은 정상적인 일상생활에 지장을 줄 수 있습니다. 리그 오브 레전드를 이용하신 후……." 깜짝 놀라서 그만하는 때도 있지만 어떨 때는 '이왕 이렇게 된 거' 하고 2시간, 3시간 문구를 볼 때도 있어요. 게임이 잘되면 기분이 좋아서 더 하게 되고요, 안 되면 안 되는 대로 잘될 때까지 하기도 해요. 사실, 안 될 때는 그냥 접는 게 나은데 말이죠. 〈롤〉을 해본 친구는 이게 무슨 말인지 바로 알 거예요. 하지만 당시는 그게 잘 안 되더라고요. 결국 게임을 못 해서 기분은 기분대로 상하고 시간을 너무 많이 써서 또 자책하게 되기도 하더라고요. 가족들이 모두 잠든 새벽에 〈문명〉을 하다가, 잠에서 깬 가족과 맞닥뜨려 민망할 때도 있었어요.

책 좋아하는 국어 선생님이라더니 여러분이랑 다를 게 없죠? 민망하고 부끄럽지만 용기를 냈어요. 솔직하게 이야기하는 게 최고라고 생각했거든요. 여러분은 어떤가요? 저보다 훌륭한 친구들도 있겠지만 저랑 비슷한 친구들도 있죠? 이런 제가 어떻게 책을 읽고 있는지, 어떻게 이런 글도 쓰게 되었는지 이야기해볼게요. 잘 들어보세요. 여러분도 마음만 먹으면, 약간의 요령을 사용하면 책과 좀 더 가까워질 수 있어요.

몸으로 익히는 책 읽기 1: 얇은 책으로 시작하기

제가 여러분에게 소개하고 싶은 요령은 얇은 책을 읽는 거예요. 재미있는 책을 읽으라고 얘기할 수도 있지만 재미있는지 없는지는 읽기 전에 알 수 없잖아요. 하지만 얇은 책은 읽지 않고서도 고를 수 있죠. 그러니 이보다 쉬운 요령은 없어요. 그냥 보기에 얇은 책을 탁 골라서 읽으면 되니까요. 얇으니까 겁도 나지 않고, 잠깐이면 다 읽으니 기분도 엄청 뿌듯해져요.

　책을 매일 거르지 않고 읽으려고 하지만 때로는 다른 재미있는 것에 몰두하다가 책이 재미없게 느껴질 때가 있어요. 그럴 때는 좀처럼 책에 손이 가지 않는답니다. 그럴 때 제가 쓰는 요령이 얇은 책을 고르는 것이에요. 괜히 두껍고 위대한 책에 도전했다가는 책 읽기가 더 부담스러워지거든요.

얇은 책은 무엇보다 부담스럽지 않아서 좋아요. 뭔가 거창한 마음을 먹지 않아도 읽기 시작할 수 있어요. 그리고 금방 읽을 수 있기에 책 읽기에 자신감도 생길 수 있답니다. 왜, 그런 경우가 있잖아요. 이제 책을 읽어야겠다는 결심을 하고 도전을 시작했는데 진도는 좀처럼 나가지 않고 중간에 그만둬서 '나는 역시 책이랑 안 친해' 하고 좌절했던 경험이요. 얇은 책은 그럴 일이 없어서 좋아요. 하루에 한 권을 읽는 것도 가능하답니다. 우리 집에서 아들과 함께했던 '하루 한 권 읽기'를 소개해줄게요.

바야흐로 코로나바이러스가 세상에 등장하던 때, 우리 가족 전체가 일주일 넘게 자가격리를 한 적이 있어요. 확진자와 동선이 겹쳐 밀접접촉자가 되었기 때문이죠. 처음에는 신기하고 재미있는 경험이라고 생각했지만 시간이 지날수록 답답해졌어요. 그래도 우리에게는 컴퓨터와 휴대폰이 있었기 때문에 그럭저럭 시간을 보낼 수 있었어요. 못 봤던 드라마도 몰아 보고 〈롤〉 같은 게임도 하면서요. 하지만 이러다 바보가 될지도 모르겠단 생각이 들어서 아들과 함께 책을 읽자고 했어요. 하루에 한 시간만이요. 그러면 나머지 시간에 아무 잔소리를 하지 않겠다고 했어요. 그렇게 아들과 책을 읽기 시작했어요.

아들과 같이 읽던 책이 얇은 책이었어요. 당시 아들은 중학교 1학년이었는데요, 집중해서 읽으면 1시간이 아니라 30~40분

만에 한 권을 다 읽을 수 있었어요. 창비 출판사에서 나온 '소설과의 첫 만남'이라는 시리즈였어요. 아들에게 그때 경험에 대해 물어보니 이렇게 대답하네요.

"책이 얇아서 좋았어. 일단 부담이 없고, 그때그때 한 권을 다 읽을 수 있어서 좋았어. 책이 얇으면 재미가 없어도 어쨌든 다 읽을 수 있거든. 조금밖에 안 남았는데 그만두면 아깝잖아. 정말 조금만 읽으면 되는데. 두꺼운 책은 재미가 없으면 중간에 그만두기도 애매하고 그렇다고 끝까지 읽기도 힘들고, 곤란한데 말이야. 책을 일단 다 읽으면 기분이 좋아지고 자신감도 생겨. 하루 한 권 읽으니 엄청 뿌듯했어."

에이, 책을 잘 읽고 책 읽기를 좋아하니까 하는 말이라고요? 우리 집 아들도 여러분이랑 똑같아요. 책 좀 읽으라는 아빠의 말이 잔소리로 들리고 뭔가 궁금하면 유튜브로 검색하는 친구예요. 저는 뭔가 궁금한 게 생겼을 때 책을 찾거나 포털에서 검색하는데 말이죠. 아들은 휴대폰, 컴퓨터랑 엄청 친하고, 게임을 더 재미있게 하고 싶어서 키보드, 마우스를 새로 장만하고, 〈롤〉을 잘하기 위해 연습도 하는 친구예요.

아들과 저는 정말 하루에 한 권씩 읽었어요. 두 권 읽고 싶어도 딱 한 권만 읽었어요. 부담이 없기 때문에 매일매일 읽을 수 있었어요. 얇은 책을 통해 얻었던 좋은 경험은 계속해서 책을 읽을 수 있는 힘을 주었어요. 독서 모임을 할 수 있는 힘도요.

무엇이든 몸에 배게 한다는 건 작은 일이라도 꾸준히 오랫동안 하는 거라고 생각해요. 물론 처음부터 크고 멋있는 걸 하면 좋지요. 하지만 크고 멋있는 건 대개 그만큼 많은 에너지가 필요해요. 그런데 우리는 어떤가요? 학교나 학원에서 공부해야 하는 것도 많고 친구들이랑 놀기도 해야 하고, 이미 에너지를 다른 곳에 많이 쓰고 있어요. 멋있고 어렵고 두꺼운 책도 좋지만 그런 책을 읽기에는 에너지가 많지 않은걸요. 얇은 책이더라도 거기부터 시작하는 게 좋지 않을까요? 짧은 책을 읽으면 한 권을 끝냈다는 뿌듯함을 얻을 수 있어요. 그러다가 책 읽는 것이 조금은 쉬워지고 나중에 책 읽기가 정말정말 좋아지면, 좀 더 두꺼운 책이나 평소 읽어 보고 싶었지만 엄두도 내지 못했던 유명한 책에도 도전할 수 있다고 생각해요.

참, 얇다고 무시하면 안 돼요. 저는 매년 '내 맘대로 정한 올해의 책'을 선정하는데 '올해의 책'으로 선정된 얇은 책도 있거든요. 얇다는 것은 분량을 얘기하는 거예요. 얇다고 깊이도 얇다는 걸 의미하지는 않아요. 얇은 책에도 묵직한 책들이 많이 있어요. 얇은 책을 통해 책 읽기가 몸에 배면 욕심을 내서 좀 더 두꺼운 책에도 도전해보세요.

다음은 제가 추천하는 얇은 책들이에요. 도서관이나 서점에 가게 되면 한번 찾아보세요. 그 자리에서 한 권을 다 읽게 될지도 몰라요.

- 창비 출판사에서 나온 '소설과의 첫 만남' 시리즈. 책 읽기를 아주 쉽게 시작할 수 있어요. 재미있는 소설들이라서 금방 다 읽을 수 있어요. 『청기와 주유소 씨름 기담』(정세랑), 『내가 그린 히말라야시다 그림』(성석제)이 기억나네요. 나는 정말 책이랑 안 친하다고 생각하는 친구들도 읽을 수 있어요.
- 유유 출판사에서 나온 '땅콩문고' 시리즈. 아주 실제적인 책들이에요. 어떤 분야에서 실무자로 오랜 경력을 가진 분들이 자기 이야기를 쉽게 풀어놓은 책이에요. 『내 문장이 그렇게 이상한가요?』(김정선), 『책 먹는 법』(김이경)이 떠오르네요. 책과 좀 멀어졌다가 다시 책을 읽어야겠다는 생각이 들면 제가 제일 먼저 찾는 책들이에요. 물론 얇아요.
- 살림 출판사에서 나온 '살림 지식 총서' 시리즈. 세상의 모든 지식을 다루겠다는 포부를 밝힌 시리즈인데요, 얇지만 구체적이고 전문적인 내용을 다루고 있어요. 조금은 도전이 필요한 책이지만 흥미가 당기는 책들로 시작해보세요. 『영화로 보는 미국』(김성곤), 『책과 세계』(강유원), 『축구의

문화사』(이은호) 같은 제목들이 눈에 띄어요.

비슷한 느낌의 시리즈로 책세상 출판사에서 나온 '책세상문고 우리시대'가 있어요. 고전 원작에 도전하고 싶은 친구들에게는 '책세상문고 고전의 세계'가 있고요. 민음사에서 나온 '쏜살문고'랑 범우사의 '범우문고'도 살펴보세요. 이외에도 여러 출판사에서 문고판 책들이 나온답니다. 여러분이 좋아하는 문고가 생겼으면 좋겠어요. 책 읽기와 조금 멀어졌더라도 얇은 책들로 다시 시작하면 좋겠어요.

몸으로 익히는 책 읽기 2: 읽으면 쓰기

두 번째로 이야기하고 싶은 건 조금 귀찮은 건데요. 그 귀찮음을 넘어서면 엄청 멋진 사람이 돼요. 읽으면 쓰는 겁니다. 아무래도 첫 번째 요령보다는 노력이 좀 더 필요한데요. 이게 몸에 배면 생각의 근육이 울룩불룩하게 된답니다. 단순히 책을 읽었다를 넘어서 자기 생각에 힘이 붙어요. 좀 더 깊이 있게 생각할 수 있게 돼요.

지금까지 살아오면서 여러분은 꽤 많은 책을 읽었을 거예요.

그런데 어떤 때는 그 책을 읽었는지 안 읽었는지 헷갈리는 경우가 있고요. 분명 훌륭한 책이었는데 왜 훌륭했는지 잘 기억이 나지 않기도 해요. 여러분이 좋아하는 영화도 그럴 거예요. 왜 그럴까요?

제 경험을 살펴보면, 자신에게 아무리 중요했던 경험이더라도 정리하는 시간이 없으면 조금씩 지워지더라고요. 경험을 한 바로 직후에는 느낌이 생생하고 이유도 분명한데 나중에는 느낌도 희미해지고 이유도 '그냥'이라고밖에 말하지 못하는 경우가 생기더라고요. 그런데 그게 너무 아깝게 느껴졌어요. 소중하게 간직하고 싶은데 말이죠.

그런 이유에서 저는 페이스북에 읽은 책들을 정리했어요. 처음에는 그냥 책 사진을 찍고 무슨무슨 책을 읽었다고 올렸어요. 그러다 왠지 허전하다는 생각에 한두 문장의 느낌을 더 적었고요. 지금은 길게 적는 때도 많아졌어요. 스스로 다짐하기를 '읽으면 어떻게든 쓴다'라고 다짐했어요. 그리고 이 원칙을 아들과도 같이, 몸으로 해봤어요.

'하루 한 권 읽기'를 한 다음 해에도 코로나는 사라지지 않았어요. 여러분도 그랬겠지만 아들은 컴퓨터와 보내는 시간이 점점 많아졌어요. 온라인으로 수업을 하니 컴퓨터랑 온종일 보내는 날도 많아졌어요. 아들이 책과 다시 멀어지는 것 같았어요. 한번 걱정이 되니 아들을 향한 잔소리가 늘기 시작했어요. 그때 아들에게 제안을 했어요. 책을 읽고, 느낌과 생각을 10줄 이상 글로 쓰는 프로젝트를요. 공짜는 없기에 프로젝트에 성공하면 아들에게 상금을 주기로 했어요. 그렇게 시작됐어요, 이름하여 '도전! 20권 읽고 쓰기!'

아들은 6개월 동안 20권을 읽고 기록을 남겼어요. 사실 글 쓰는 건 힘이 드는 일이잖아요. 그래서 긴 시간 동안 했어요. 오직 읽으면 쓴다는 원칙에만 집중한 셈이죠. 아들은 그 상금으로 노트북을 장만했고요. 지금은 자기 방에서 컴퓨터를 해요. 거실에서 컴퓨터를 하면서 가족들 눈치를 보지 않게 되었죠.

"글을 쓰는 건 귀찮은 일이고 힘든 일이야. 왜냐면 뭘 써야 할지 생각을 하고 고민을 해야 하거든. 한 번에 잘 써질 때도 있지만 중간에 꼭 멈추게 돼. 그러면 내가 잘 쓰고 있는지 어디를 고쳐야 하는지, 이런 것들을 다시 생각해야 하잖아. 글 쓰는 일은 너무 힘들어."

처음에는 정말 힘들어 했어요. 하지만 꾸준히 한 권 한 권 쓸 때마다 걸리는 시간이 줄어들더군요. 분량도 한 줄 한 줄 늘어나더니만 어떤 때는 20줄 넘게도 쓰더라고요. 20권 정도 됐을 때는 '이게 우리 아들이 쓴 글이 맞나?' 할 정도로 좋더라고요.

"책을 읽고 글을 쓰게 되면 굉장히 뿌듯해. 책을 완전히 다 읽었다는 느낌이 들어. 책을 읽고 글을 안 쓰면 그냥 읽었다 재밌었다, 그러고 끝나는데. 재밌었는데 왜 재미있었는지 이런 것들을 생각하고 해야 하니깐 완전히 내 것으로 읽었다는 그런 느낌이 들어."

글쓰기의 힘이었을까요? 아들이 사랑스럽게 보이기까지 했어요. 한창 사춘기를 지나는 중2 남학생이 말이죠.

아들과 함께 운동을 다닌 적이 있어요. 코로나 때문에 집에만 있으니 뱃살이 자꾸 늘어서요. 동네 헬스장에 다녔는데 첫날부터 윗몸일으키기를 시키더라고요. 제가 제일 못하는 게 윗몸일으키기인데 말이죠. 다섯 개 조금 넘게 하고선 끙끙댔어요. 그런데 운동 갈 때마다 하니까 나중에 스무 개 정도는 아무렇지 않게 하게 되더라고요. 그것도 단번에요. 제가 생각해도 신기하고 뿌듯해요. 글쓰기도 처음에는 힘들지만 일단 시작하고 자꾸 반복하면 조금씩 나아져요. 얇은 책을 꾸준히 읽으면 책 읽기가 점점 가까워지고 쉬워지는 것처럼요.

일단 시작해봐요. 책을 읽고 세 줄만 써봐요. 생각하기가 부담스러우면 인상 깊었던 구절을 그대로 옮겨 쓰는 것도 가능해요. 옮겨 쓰는 건 고민하지 않아도 되니 어렵지 않아요. 시간을 조금만 내면 돼요. 그러다 좀 더 욕심이 나면, 인상 깊었던 이유를 한 줄만 덧붙여요. 그렇게 하다 보면 윗몸일으키기 숫자가 느는 것처럼 글의 줄 수가 늘고 생각하는 힘이 울룩불룩해질 거예요. 처음부터 거창하게 생각하지 말고, 작게 시작해요. 그렇게 몸에 배게 만들어봐요.

SNS를 이용하는 것도 좋은 방법이에요. 책 사진 찍는 거, 어렵지 않죠. 저자와 책 제목 쓰는 것도 어렵지 않아요. 사진을 찍고 누구의 무슨 책을 읽었다, 하고 남겨보세요. 남들에게 보이기 쑥스러우면 자기만 보기로 해도 돼요. 다른 계정('부캐')을 만들어도 되고요.

몸으로 익혀야
진짜 공부

저는 야구를 좋아해요. 시즌 중에 중계방송을 못 보면 하이라이트라도 챙겨서 봐요. 자주는 아니지만 경기장에 직접 가서 응원을 하고요. 우리 집은 수원인데 대전까지 가서 원정 응원을 한 적도 있어요. 미국 메이저리그 영상도 즐겨 보고요. 그러다 우연한 기회에 야구팀에서 선수로 뛰게 되었어요. 아, 프로선수가 아니고요. 평균 연령 40세가 넘는 아저씨들로 구성된 야구팀이에요. 배가 살짝 나온 아저씨들, 허리가 굽혀지지 않아서 땅으로 구르는 공을 자주 놓치는 아저씨들이랍니다.

야구팀에 들어가면서 야구를 잘하고 싶어 책을 읽고 유튜브를 봤어요. 책을 읽고 영상을 보면서 금방이라도 야구를 잘할 것처럼 느꼈어요. 진짜 선수들처럼 멋진 수비를 하고, 안타도 팡팡칠 것 같았어요. 같은 팀 동료들에게, 타격의 비밀을 알아냈다고 큰소리를 치기도 했어요. 금세라도 홈런을 칠 것 같은 기세였어요. 하지만 야구를 시작한 지 5년이 넘었지만 아직 홈런을 못 쳤어요. 안타는커녕 삼진만 당하고, 실책으로 경기를 망친 적도 여러 번 있어요.

책도 많이 보고 영상도 많이 봤는데 왜 야구 실력이 안 느는 걸까요? 처음부터 야구랑 안 맞는 거였을까요? 야구를 그만두어야 하는가 하는 생각이 들기도 했어요. 그렇게 곰곰이 생각해보니, 책과 영상을 아무리 많이 봤더라도 실제 연습을 하지 않았으니 당연한 일이라는 생각이 들었어요. 머리로 아무리 많이 알면 뭐 해요. 몸에 배지 않으면 아무 소용이 없는걸요.

그런 점에서 우리가 무언가를 배운다는 것의 최고 경지는 몸에 배도록 하는 거예요. 올림픽에서 스케이트를 타는 선수들, 어떨까요? 아주 순간적으로 판단하고 움직일 수 있도록 수없이 많은 반복과 연습을 했을 거예요. 이론도 중요하지만 그 이론이 몸에 밸 수 있도록 4년 동안, 아니 그 이상을 계속해서 연습했을 거예요. 그러고 보니 주변의 훌륭한 운동선수들 모두가 훈련과 연습, 기본기의 중요성을 힘주어 얘기하네요.

그러고 보면 세상 모든 일이 그래요. 머리로 알고 있는 것과 몸으로 살아내는 것에는 차이가 있고, 머리로는 알지만 몸으로 살아내지 못하는 경우가 많아요. 머리로 아는 것, 마음으로 결심하는 것도 물론 중요해요. 어떤 것을 시작하려면 알아야 하고 결심해야 하죠. 하지만 그다음 단계, 몸에 배도록 하는 것까지 나아가야 진짜가 된답니다. 머리로 하는 공부, 가슴으로 하는 공부, 손발로 하는 공부 모두가 하나가 되어야 진짜 배움이 된다고 생각해요.

책 읽기도 마찬가지예요. 책 읽기가 좋다는 것은 누구나 알아요. 몰라서 안 하거나, 못 하는 것도 아니에요. 알아도 하기가 쉽지 않은 거죠. 시작이 반이라고, 마음먹는 게 중요하지만 마음먹는 것만으로는 완성되지 않더라고요. 진짜 중요한 것은 그 마음먹은 것이 내 몸에 스며드는 것, 손과 발로 하는 것이라고 생각해요. 그러기 위해 작은 것부터, 꾸준히 할 수 있는 것부터 시작해봐요. 얇은 책을 읽는 거랑 읽고 세 줄 쓰는 건, 마음만 먹으면 손발로 옮겨갈 수 있어요. 그러면 책을 계속해서 읽고, 읽지 않으면 뭔가 허전한 느낌이 드는 몸이 될지도 몰라요.

국어 선생님으로서 책은 좋아하고 많이 읽었지만 글쓰기는 좋아하지 않았어요. 하지만 이제는 읽고 나서 어떻게든 반드시 쓰고 있어요. 그러면서 선생으로서 이제는 조금 덜 부끄럽다는 생각을 해요. 책을 즐겨 읽고 자신의 느낌과 생각을 표현하라고 가르치는데 정작 나 스스로가 그러지 못하는 게 부끄러웠거든요. 내가 가르치는 것이 말로만 끝나는 것이 아니라 몸으로 살아낼 수 있어야 진짜라는 생각을 한답니다.

우리의 공부를 말로만 끝내지 않았으면 좋겠어요. 마음먹기를 거쳐 몸으로 살아내는 것까지 이르렀으면 좋겠어요. 그러면 우리의 삶이 좀 덜 부끄럽고 때로는 훌륭하게 빛날 수도 있다고 생각해요. 여러분의 삶이 빛나는 삶이 되면 좋겠어요. 작은 것부터 몸에 배게 해봐요.

제6장

스스로의 존재에 대해
의심스러워지는
순간이 온다면

글쓴이_ **강봉숙**

책과 다양한 매체에 담긴 정보와 정서가 사람들에게 가서 닿게 도움을 주는 모든 일이 꿈이라 여기는 사람이다. 대구에서 사서교사로 지낸 시절, 책, 매체, 정보, 정서, 사람에 대해 더 많이 알아야 좋은 사람, 좋은 사서교사로 살 수 있겠다는 생각을 했다. 그래서 모교 대학원에서 문헌정보학 공부를 천천히 꾸준히 이어갔다. 학교도서관 교육 경험과 대학원 공부를 함께 한 덕에 끊이지 않고 꿈에 필요한 정보와 정서의 중요성을 새기며 살아올 수 있었다. 그리고 책과 다양한 매체에 담긴 정보와 정서가 사람들에게 가서 닿게 도움을 주는 꿈, 같은 꿈을 가진 이를 가르치는 일은 꿈의 가치를 극대화시키는 것이라는 확신이 짙어졌다. 그래서 현재는 문헌정보학을 공부하는 대학생, 대학원생을 가르치며 연구하는 문헌정보학과 교수로 전북대학교에서 여전히 꿈을 꾸고 있다.

우주와 우주를 연결하는
미디어 천국, 도서관 멘토

쥬세페 토르나토레 감독의
영화 〈시네마 천국〉

〈시네마 천국〉 영화 포스터를 우연히 마주했습니다. 개봉된 지 30년이 지난 이 영화는 당시에 OST와 함께 상당한 인기를 끌었습니다. 비슷비슷하지만 조금씩은 다르게 아련한 OST 곡들은 너무나 잘 알려졌고 여전히 여러 통로를 통해 자주 듣게 됩니다. 이쯤 되면 제가 오래된 영화 〈시네마 천국〉을 좋아한 어른인 것을 눈치챘을 것 같습니다.

그런데 마음을 기울여 포스터를 보다 보니 정작 이 영화를 제대로 감상했던 적은 없었구나 하고 깨달았습니다. 워낙 유명해서

〈시네마 천국〉 영화 포스터

봤다고 착각해왔던 것 같습니다. 포스터를 내내 응시하다가 마음을 빼앗기고 영화를 정말로 제대로 감상해 봐야겠다고 결심했습니다. 딱 두 가지 지점에서 그랬습니다. 첫 번째 이유는 포스터에 나타난 해맑은 소년의 시선, 그 시선이 깊이 머무는 필름과 그 필름 속의 이미지들 때문입니다. 다른 하나의 이유는 소년의 옆 중년 어른의 무심한 표정이 나를 사로잡았기 때문입니다.

필름 롤과 영사기와 영화가 등장하는 영화를 보며 문헌정보학자의 생각은 본능적으로 매체의 유형에 대한 이론에 가닿았습니다. 정보를 담고 공유할 수 있게 그릇의 기능을 하는 것을 매체, 혹은 미디어라고 부릅니다. 〈시네마 천국〉에서 주인공인 소년 토토와 중년 어른 알프레도를 연결시켜준 것은 영화라는 매체, 즉 미디어입니다.

이런 미디어의 유형에 대해 조금은 더 자세히 설명해보겠습니다. 문헌정보학에서 미디어의 메타데이터를 기술하는 방법에 대한 이론 중 하나인 RDA(Resource Description And Access)를 바탕으로 생각해볼 수 있습니다. 둘 사이를 연결시켜준 미디어는 영화 필름 롤이라는 수록 매체 유형(carrier type) 속에 담긴 2차원 동화상이라는 내용 유형(content type), 그리고 이를 보기 위한 매체 유형(media type), 즉 영사기입니다. 어렵습니다. 역시 필자가 화석이나 꼰대급에 해당하는 어른이구나 하고 실망하고 있을 것입니다. 도서관과 문헌정보학이 다루는 미디어가 책에 그치지 않는다는 것을 우회적으로 강조하고 싶어서 현학적인 이야기를 전하다 보니 더욱 그럴 것 같습니다.

사실 도서관과 문헌정보학이 다루는 미디어가 책에 그치지 않는다는 점을 많은 이들이 간과하고는 합니다. 도서관과 문헌정보학은 시각, 청각, 촉각 등 모든 유형의 정보와 그를 담은 그릇, 즉 모든 유형의 미디어에 관심을 둡니다. 그리고 RDA 같은 틀을 통해 미디어의 유형을 보다 상세히 나누고 기록하여 미디어와 정보에 대한 데이터, 즉 메타데이터를 축적합니다. 이러한 메타데이터를 바탕으로 도서관은 미디어 속 정보와 사람을 연결한다는 점을 이야기해보고 싶습니다.

도서관과 문헌정보학이 다루는 가장 대표적인 미디어는 단연 책입니다. 물론 조금 더 어렵게 말하자면 책이라는 수록 매체 유형에 담긴 텍스트라는 내용 유형이라 설명할 수 있겠습니다. 책은 사람이 지각하여 곧바로 활용할 수 있습니다. 사람을 정보를 전하는 기능 요소로 보지 않으므로 중개하기 위한 미디어가 필요하지 않다고 정의합니다. 그래서 책에 대해서는 매체 유형까지 정의하지는 않습니다. 사람은 정보를 담은 가장 위대한 그릇이라고 생각하지만, 미디어 유형에 대한 학문적 기준에서는 사람을 미디어로 보지 않는 견해가 다수입니다.

하지만 도서관과 문헌정보학에서 사람에 대한 이해는 아무리 강조해도 지나치지 않습니다. 문헌정보학은 정보, 그리고 미디어의 특성과 기능에 대한 지식은 물론, 사람이 정보와 미디어를 이용하는 방법과 특성을 연구하는 학문이기 때문입니다. 독자 주변에 조용한 성격에 책을 좋아해서 문헌정보학과에 진학하려는 이가 있다면 다시 생각해볼 필요가 있다고 알려주면 좋겠습니다. 책을 좋아하는 것보다는 사람을 좋아하는 것이 문헌정보학

전공자의 가장 중요한 자질이기 때문입니다. 물론 둘 모두를 갖추면 미디어 속 정보를 사람과 연결시켜주는 문헌정보학과 도서관 및 정보센터의 궁극적 사명을 가장 잘 이루어내는 역량을 갖췄다고 할 수 있습니다.

베르나르 베르베르의
소설 『신』

베르나르 베르베르는 장편소설 『신』에서 광물, 식물, 동물, 인간, 현자, 천사, 신, 신의 왕, 은하, 우주의 경지로 발전해나가는 문명의 긴 서사를 전합니다. 그는 소설의 마지막에서 차원을 넘나드는 가장 높은 경지가 우주라고 전합니다. 그리고 그 우주를 책에 빗댑니다. 한 걸음 나아가 책을 읽는 사람은 우주를 보는 눈을 가진 자로, 그래서 우주보다 높은 경지에 있는 자로 상정합니다. 흥미롭습니다. 그렇게 작가는 긴 장편소설의 마지막까지 '신'이라는 책을 읽는 사람의 생각을 마구 휘젓습니다. 작가 베르나르 베르베르는 '신'뿐 아니라 책을 읽는 모든 이가 지닌 힘을 이야기하며 그들을 응원하고 싶었던 것 같습니다.

　우주를 담은 것이 비단 책뿐일까요? 모든 미디어는 우주를 담습니다. 미디어를 다양한 방식으로 읽는 자들은 모두 우주를 넘나드는 힘을 지니고 있습니다. 〈시네마 천국〉의 주인공 소년 토토가 영화 필름에 둔 시선에서 우주를 발견해가고 있음을 눈치챘습니다. 메타버스는 새로운 것이 아닙니다. 필름 속 세상은 1940년대의 전쟁 상황에서 이탈리아의 가난한 소년이 볼 수 없는 것을 보게 하고, 꿈꿀 수 없을 때 꿈꾸게 한 메타버스였습니다. 영화도 책처럼 수많은 미디어 중 하나입니다. 영화 필름 속 이미지에 마음을 모두 담고 시선을 거두지 못하는 소년의 표정이 나타난 〈시네마 천국〉의 영화 포스터는 미디어가 가진 힘을 잘 드러냅니다. 그래서 유독 문헌정보학자의 눈길을 끌었습니다.

프란치스카 비어만의 동화 『책 먹는 여우』

동화 『책 먹는 여우』를 짚어보려고 합니다. 동화 속 여우 아저씨는 영화 〈시네마 천국〉의 주인공 토토의 모습과 오버랩됩니다. 동화에서 책을 먹는 것을 즐기다 못 해 먹어 치우는 여우 아저씨는 도서관과 서점에서도 책을 훔쳐 먹다 급기야 교도소에 갇히게 됩니다. 교도소에서는 더 이상 책을 먹을 수 없어 굶을 지경에 이르자 스스로 책을 쓰는 것을 택합니다. 여우 아저씨를 지켜보던 교도관 빛나리 씨는 여우 아저씨를 작가로 데뷔시킵니다. 여우 아저씨가 쓴 책은 베스트셀러가 되고 영화로도 만들어져 극장에서도 상영됩니다. 여우 아저씨는 훌륭한 작가로 성장합니다. 〈시네마 천국〉의 영화광 소년 토토는 어른이 되면서 영화감독으로 성장합니다. 토토의 멘토가 되어준 알프레도는 동화 속 교도관 빛나리 씨의 모습과 겹쳐 보입니다.

동화책은 상당한 메타포를 담고 있습니다.『책 먹는 여우』는 특히 더 그렇습니다. 닥치는 대로 책을 먹어 치우던 여우가 좋은 책을 쓸 수 있었던 것은 사전에 정보를 다양하게 수집하여 소화해온 덕일 것입니다. 그 덕에 마침내 새로운 책이라는 자신만의 지식을 만들어낼 수 있었을 것입니다. 문헌정보학의 대표적인 정보활용과정 모형과 연결하여 생각하면 더욱 명확합니다.

미국 워싱턴주에 있는 워싱턴대학(University of Washington)의 아이젠버그(M. Eisenberg) 교수와 웨인 센트럴(Wayne Central) 고등학교 사서교사 버코비츠(R. Berkowitz)는 공동 연구를 통해 'Big 6'로 알려진 정보활용과정 6단계 모형을 발표하였습니다. 이는 사람들이 삶 속에서 그리고 학습 상황 속에서 정보가 필요한 상황을 포착해 정보를 활용해 문제를 해결하는 과정을 단계별로 정리한 이론입니다. 1단계는 자신의 삶이나 학습 과정에서 정보를 통해 해결해야 할 문제가 무엇인지를 명확하게 정의하는 과제 정의 단계입니다. 2단계는 정보 탐색 전략 수립 단계, 3단계는 정보의 소재 파악과 접근 단계, 4단계는 정보 활용 단계, 5단계는 수집한 정보의 종합 및 표현 단계, 6단계는 정보 활용 과정에 대한 평가 및 피드백 단계입니다.

우리는 살아가면서 끊임없이 크고 작은 문제에 부딪힙니다. 그리고 많은 문제를 정보를 기반으로 해결해나갈 수 있습니다. 전략을 세워 정보를 모은 후에 문제를 해결하거나 새로운 지식 창출이 가능하다는 점은 학자의 이론이 아니라도 명확합니다. 『책 먹는 여우』의 여우 아저씨가 멋진 작가로 성장한 스토리로도 이해할 수 있습니다. 그러나 이러한 당연한 사실을 삶 속에서 자연스럽게 적용하기 위해 우리에게는 정보를 활용하는 연습이 필요합니다. 학습에 있어서 이러한 정보 활용 과정을 이해하고 연습하는 것은 자기주도적 학습을 통해 주체적 학습자로 성장할 수 있게 합니다. 삶 속에서도 마찬가지입니다. 삶 속에서 우리는 끊임없이 크고 작은 문제를 마주해야 합니다. 이때 좌절하고 포기하기보다 이를 해결하기 위해 내가 무엇을 해야 할 것인가를 능동적으로 생각하여야 합니다. 그리고 문제를 해결하기 위해 필요한 정보를 파악하고 전략적으로 정보를 얻고 분석해야 합니다. 그러면 이를 바탕으로 각자의 삶 속에서 주어진 문제를 해결해갈 수 있습니다. 이렇게 정보는 주체적인 삶의 자세로 노예의 삶이 아닌 생명을 가진 주체적 삶을 영위해갈 수 있게 돕습니다.

OTT 플랫폼 넷플릭스
드라마 〈오징어 게임〉

"죽기 전에 꼭 한 번 느끼고 싶었어. 관중석에 앉아서는 절대로 느낄 수 없는 그 기분을 말이야. 보는 것이 하는 것보다 더 재미있을 수가 없지."

OTT 플랫폼 넷플릭스 드라마 〈오징어 게임〉 속 대사입니다. 오징어 게임의 주최자인 할아버지 오일남은 게임에 굳이 참여한 이유에 대해 이야기합니다. 이는 사실 그가 죽기 직전 한 대사입니다. 죽음을 앞에 두고도 주체로 나서고 싶어 하는 인간의 깊은 갈망을 다시금 확인하게 하는 대사로 기억에 남습니다. 인식하건 그렇지 않건 사람은 누구나 주체가 되고 싶은 마음을 지니고 있습니다. 그러나 여러 상황 속에서 주체가 아닌 객체로 살아가는 것에 익숙해져버리고는 했을지 모릅니다. 하지만 세상 속에서 객체가 아닌 주체로 살아가고자 하는 사람들의 마음을 우리는 사회 곳곳의 변화에서 쉽게 발견할 수 있습니다. 정보의 유통은 사람들이 추구하는 주체적 삶으로의 진보 방향과 상당 부분 일치합니다. 과거 활자 혁명과 공공을 위한 도서관의 출현이 그러했고, 최근에는 웹의 발전이 그러합니다.

데일 도허티는 2003년에 세계 최초로 '웹 2.0'이라는 개념을 발표합니다. 데일 도허티는 미국의 출판사, 오라일리 미디어가 발간하는 컴퓨터 전문서적의 책임 편집자였습니다. 동시에 오라일리 미디어를 팀 오라일리와 함께 공동 설립한 설립자입니다. 웹 2.0 이전의 웹이라는 미디어 그물 속 정보의 생산과 유통은 탑다운 방식으로 이루어졌습니다. 권위 있는 기관과 기업이 정보의 일방적 생산자로 기능했습니다. 평범한 개인은 정보의 소비자에 그쳤습니다.

웹 2.0은 플랫폼 중심의 웹입니다. 웹에 플랫폼 구조만 구성되면 그 플랫폼을 통해 누구나 정보의 생산자가 될 수 있는 형태입니다. 웹 2.0은 혁신이었습니다. 정보 소비자에 그쳤던 일반적인 개인은 웹 2.0을 맞으며 정보 생산자로 나서게 되었습니다. 이로써 정보의 생산과 유통은 탑다운 방식이 아니라 양방향성을 갖게 되었습니다. 웹 2.0이 언급되고부터 20년가량, 우리는 평범한 사람들이 정보의 소비자를 넘어 정보의 생산자로서 역할이 확대된 과정을 지켜봐왔습니다.

참여, 공유, 개방은 웹이 발전해온 방향성과 궤를 같이하니다. 웹뿐 아니라 사회 전 영역에서 누구나 참여하고 주체가 되는 흐름을 받아들였습니다. 2.0, 3.0 등의 꼬리표를 키워드 뒤에 붙인 사회 전반의 흐름을 발견할 수 있습니다. 그리고 사회 각 영역에서 평범한 이들의 참여가 확대되도록 노력해온 것을 알고 있습니다. 웹이라는 미디어 그물과 사람들은 상호작용하며 지속적으로 앞으로 나아가고 있습니다.

데일 도허티는 웹 2.0으로 세상을 놀라게 한 이후, 2005년부터 《Make:》 잡지를 발행하고 2006년에는 최초의 메이커 페어를 개최하였습니다. 이후 오라일리 미디어 출판사에서 독립하여 메이커 미디어(Maker Media Inc.)의 CEO로서 《Make:》 잡지를 발간하고 있습니다. 데일 도허티가 창시한 메이커 운동은 누구나 무엇인가를 만들어내는 생산자가 되도록 돕는 사회운동입니다. 모르긴 해도 데일 도허티는 웹 2.0이 사회에 가져온 변화를 통해 엿본, 사람들의 생산자 본능에서 메이커 운동을 창시했을 것입니다.

공유하고 개방하여 참여할 수 있는 플랫폼으로 웹을 변화시키니 세상이 바뀌었습니다. 플랫폼은 단지 웹이라는 미디어 그물 속에만 있을 필요가 없습니다. 습작처럼 만화를 그려내는 연습장일 수 있고, 악기를 스스로 연주하고 변주할 수 있는 공간이 될 수도 있습니다. 할라피뇨 피클을 담그는 주방이 될 수도 있습니다. 스스로 주체가 되어서 참여하고, 무엇인가를 생산해내는 경험,

그것이 메이커 운동이 추구하는 그 자체입니다.

　　플랫폼을 통해 주체가 되는 소중한 경험을 개방하고 공유한다면 더욱 좋습니다. 메이커 스페이스는 그런 멍석이 되는 곳입니다. 평범한 개인의 주방도 메이커 스페이스가 될 수 있습니다. 하지만 보다 이상적인 메이커 스페이스는 개방과 공유가 더 활발하게 일어날 수 있는 곳이라 할 수 있습니다. 도서관은 개방과 공유의 가치가 집결된 장소입니다. 동시에 도서관은 이용자가 각자의 삶에서 주체가 되는 데 필요한 정보를 요리하는 장소입니다. 따라서 도서관은 그 자체로 이용자가 자신의 삶을 능동적으로 가꾸도록 돕는 멍석, 즉 메이커 스페이스입니다.

프란치스카 비어만의 다른
『게으른 고양이의 결심』

『게으른 고양이의 결심』에는 집에 스스로를 고립시키고 뒹굴기만 좋아하는 고양이인 뒹굴이가 등장합니다. 자신의 몸에 옮은 벼룩을 처치하기 위해 다른 친구에게 옮기면 된다는 내용을 TV에서 접합니다. 그리고 불순한 의도로 친구들에게 접근합니다. 그러나 불순한 만남 속에서 뒹굴이는 다른 동물 친구들에게 뜻하지 않게 도움을 주는 실수를 저지릅니다. 정말 우연처럼 저지른 도움으로 뒹굴이는 생각지도 못한 행복을 느껴고 소통의 즐거움을 깨닫는 다는 이야기를 담고 있습니다.

〈시네마 천국〉에서 소년 토토와 중년 어른 알프레도가 함께 한 시간은 토토의 인생 전체를 관통합니다. 1940년대 전쟁 중 이탈리아 시칠리아의 가난한 마을을 배경으로 한 영화는 가난한 살림에 힘들게 지내면서도 밝고 장난기 넘치게 자라는 토토의 유년 시절을 그려냅니다. 매우 아련하지만 아련하지 않게 말입니다. 무심한 듯한 중년 어른 알프레도는 토토가 사는 마을의 영화관에서 영사기 기사로 일하였습니다. 알프레도는 신부님의 사전 심의를 통해 상영하지 말고 잘라야 할 부분에서 신부님께서 종을 울리면 키스신이 등장하는 부분을 표시하여 잘라내는 일도 담당했습니다. 성당에서 신부님의 복사로 일하는 토토는 영화 사전 심의를 위해 영화관에 영화를 보러가는 신부님을 몰래 따라가 영화를 처음 접하게 됩니다. 그리고 토토는 영화의 매력에 흠뻑 빠집니다. 사실 영화 포스터에서 토토의 시선이 머문 필름 조각은 키스신이 등장하여 잘려나간 필름입니다. 소년 토토는 이를 몰래 집으로 가져가려다 알프레도에게 크게 혼이 납니다. 알프레도는 영화관에 보관했다가 나중에 다 토토에게 주겠노라 화를 내며 토토를 내쫓아 버리기도 합니다.

알프레도처럼 중년의 나이가 된 토토는 유명한 영화감독이 되어서 알프레도의 장례 소식을 듣고 고향을 방문합니다. 그때 알프레도의 부인으로부터 토토가 건네받은 것은 알프레도가 죽기 전에 토토에게 전하라고 남겨준 영화 필름 롤이었습니다. 영화의 OST와 함께 흐르는, 중년의 토토가 그 영화 필름 롤을 혼자 보며 우는 장면은 이 영화의 압권입니다. 알프레도가 토토에게 나중에 다 주겠다고 말하며 빼앗았던 그 필름 조각을 알프레도가 하나하나 이어 붙여 만든 영화 필름 롤이었습니다. 수많은 영화의 키스신이 함께 모인 장면에 얼굴이 붉어지지 않습니다. 그저 중년의 알프레도와 중년의 토토의 마음을 엿보며 모든 이들이 각자의 성장을 아련하게 짚어보게 하며 마음을 두드립니다.

무심한 표정의 알프레도는 누구보다 따뜻한 사람이었습니다. 우유 심부름을 나섰다가도 몰래 우윳값으로 영화를 볼 정도의 영화광 소년 토토가 어머니에게 호되게 혼나자 알프레도는 부담스럽지 않은 방법으로 토토를 두둔합니다. 영화를 보고 싶었지만 영화관이 좁아 입장하지 못한 마을 사람들을 위해 영화관 밖 광장의 건물 벽에 영화의 빛을 반사시켜 누구나 영화를 볼 수 있게 마법을 부리기도 합니다. 토토는 물론 마을공동체 전체에게 영화라는 미디어를 전하던 알프레도는 마법사였습니다.

알프레도는 그 자체로 따뜻한 사람이었을 가능성이 높지만 그의 따뜻함이 증폭되어 전해지는 이유는 무엇이었을까요? 그가 사람들을 웃고 울리는 영화라는 미디어를 전해주는 이였기 때문일 것이라 단언합니다.

프란치스카 비어만 『책 먹는 여우』의 후속편 『책 먹는 여우와 이야기 도둑』

『책 먹는 여우와 이야기 도둑』은 『책 먹는 여우』의 후속편에 해당하는 책입니다. 유명 작가가 된 여우 아저씨는 새로운 책을 쓰기 위해 정원 등 사방을 휘젓고 다니며, 귀와 눈과 코의 감각을 총동원해 이상한 것을 찾아냅니다. 그 이상한 것은 이야기 재료들로, 여우 아저씨는 수첩 여러 권에 이를 꼼꼼히 메모해둡니다. 어느 날 여우 아저씨는 이 이야기 수첩을 모두 도둑맞습니다. 이야기 도둑을 찾아 나선 여우 아저씨는 도서관 사서에게 혼이 나가며 범인을 함께 잡으러 나섭니다. 도서관 사서와 여우 아저씨가 찾은 범인은 여우의 재능을 샘낸 생쥐 몽털 씨로 밝혀집니다. 그러나 몽털 씨는 여우 아저씨의 이야기 재료로도, 여우 아저씨의 작가 수업 재능기부 도움으로도 끝내 좋은 작가가 될 수 없었습니다. 몽털 씨는 이야기 수첩을 훔친 벌로 시작한 도서관 일손 돕기에서 뜻밖의 설렘을 경험합니다. 책 분류와 이용자를 위한 서비스, 책 리뷰 쓰기에서 희열을 느낍니다. 그리고 몽텅 씨는 도서관 사서라는 뜻밖의 꿈을 찾게 되고 그 꿈을 이루어갑니다.

우주와 우주를 연결하는
미디어 천국 도서관

영화 〈시네마 천국〉 포스터 이야기로 돌아가볼까 합니다. 소년 토토의 시선을 사로잡은 필름과 함께 문헌정보학자의 눈길을 끈 것은 소년 토토 옆에 있는 어른의 무심한 듯한 표정이었습니다. 무뚝뚝한 듯한 어른은 소년이 우주를 발견하는 것을 도와줬겠구나 하는 생각이 스쳤기 때문입니다. 영화에서는 알프레도가 그리고 책에서는 빛나리 씨가 토토와 여우 아저씨에게 힘을 주었습니다. 미디어를 발판 삼아 새로운 우주를 만드는 힘을 키울 수 있게 곁을 지켜준 것입니다. 그런가 하면 생쥐 몽텅 씨는 오랫동안 꿈꾸어오던 미래가 좌절되는가 싶은 순간에 뜻하지 않게 전혀 생각지도 못한 곳에서 생각지도 못한 이들의 벌 또는 도움으로 자신의 꿈을 찾게 됩니다.

유구한 시간 속, 광활한 우주에서 먼지에 지나지 않을 것만 같은 스스로의 존재에 대해 의심스러워지는 순간은 누구에게나 옵니다. 너무나 보편적인 인간의 감정입니다. 스스로에 대해 의심하고 불안해하는 마음 말입니다. 그런데 그것이 너무나 보편적인 인간의 감정이라는 것을 깨닫는 데 많은 시간이 걸리기도 합니다. 또 그런 삶의 부침이 모두 어느 순간 하나도 쓸모없는 것은 아님을 한 박자 혹은 몇 박자쯤 지나서야 깨닫게 된다는 사실조차 진리에 가깝습니다. 생쥐 몽털 씨도 그랬습니다. 그런데 청소년들은 삶에 있어서 부침의 순간, 즉 환희와 슬픔, 그리고 일상의 평온함까지도 감정의 변화와 흐름을 자연스럽게 받아들이는 것이 쉽지 않을 수 있습니다. 이에 대해 이를 먼저 경험한 이가 멘토를 자청하며 어떠한 이야기를 하더라도 이를 청소년들이 마음을 내어 받아들이기는 쉽지 않습니다.

그러나 영화와 알프레도가 함께 있을 때, 책과 빛나리 씨가 함께했을 때라면 어떠했을까요? 우주와 우주를 연결하는 미디어, 그리고 멘토가 곁에 있다면 이야기는 달라집니다. 우주와 우주를 연결하는 미디어 천국인 도서관은 꿀처럼 넘쳐나는 미디어 속 정보를 활용할 수 있게 돕습니다. 사람들이 자신의 삶에 필요한 정보를 미디어 속에서 탐색, 분석, 가공하여 마침내 새로운 형태의 무엇인가로 만들어내는 과정을 배우게 합니다. 그 가운데에 여우 아저씨처럼, 토토처럼, 몽털 씨처럼 꿈을 찾게 되기를 응원하는 멘토가 있습니다. 궁극적으로 도서관은 사람들이 자신에게 주어진 상황에 이끌려가는 삶을 사는 것이 아니라 살아가고 싶은 미래를 스스로 만들어내는 방법을 미디어라는 그릇 속의 수많은 정보를 통해 스스로 배울 수 있도록 돕습니다. 아주 오래된 메타버스인 책을 비롯해 수많은 미디어를 통해서 말입니다.

직접적으로 멘토가 되려 섣불리 나서다가는 꼰대가 되기 십상입니다. 그러나 미디어 곁에 있는 이들에게는 우주와 우주를 이어 붙이고 만들어낼 수 있는 힘이 있습니다. 미디어 천국, 도서관에서 미디어 곁에 있는 이들에게 말을 걸어봅시다. 그들은 미디어와 미디어, 그리고 미디어와 사람을 연결해주고 우주와 우주를 연결하며 새로운 우주를 만들도록 돕는 사서입니다. 그들이 무심해 보인다고 주저하지 맙시다. 미디어 곁에 있는 무심한 이들은 멘토로 삼기에 가장 좋을 수 있다는 것을 우리는 잘 알고 있지 않은가요.

제7장

케이팝 음악인이 되고 싶은 그대에게

글쓴이_ **서정민갑**

대중음악의견가. 맛있는 빵과 디저트를 사랑한다. 음악의 아름다움이 구현되는 방식과 사회적 역할에 특히 관심이 많다. 무해한 사람이 되고 싶어 하고, 스스로 놀라는 글을 쓰고 싶어 하며, 더 나은 세상을 만들고 싶어 한다. 블로그에 가면 어떤 음악을 들으며 사는지 엿볼 수 있다. 2004년부터 한국대중음악상 선정위원으로 활동하고 있으며, 2005년에는 광명음악밸리축제 프로그래머로 일했다. 〈Red Siren〉 콘서트, 〈권해효와 몽당연필〉 콘서트, 서울와우북페스티벌 등 공연과 페스티벌 기획/연출/평가도 병행한다. 『그렇다고 멈출 수 없다』『음악열애』『누군가에게는 가장 좋은 음악』『음악편애-음악을 편들다』『밥 딜런, 똑같은 노래는 부르지 않아』를 썼으며, 『대중음악의 이해』『대중음악 히치하이킹하기』『인간 신해철과 넥스트시티』는 함께 썼다. 『한국 대중음악 100대 명반 음반 리뷰』『한국 대중음악 100대 명반 음반 인터뷰』『레전드 100 아티스트』『음악과부도』『나쁜 장르의 B급 문화』『한국대중음악명반 100』도 거들었다. bandobyul@gmail.com

케이팝을
알아가는 시간

함께 만든
케이팝의 인기

케이팝(K-Pop)을 어떻게 설명할 수 있을까요. 누군가에게 케이팝은 한없이 가슴 떨리게 하는 스타들의 노래, 춤, 영상이 그득한 세계일 것입니다. 보고 또 봐도 계속 보고 싶은 매력 만점의 스타일과 댄스이며, 듣고 또 들어도 더 듣고 싶은 노래이고, 날마다 찾아보는 영상 콘텐츠일 것입니다. 매일 소셜미디어에서 만나는 일상이 아닐 리 없습니다.

반면 어떤 이에게는 자신이 반드시 일해보고 싶은 영역일지 모릅니다. 지금 제2의 BTS와 뉴진스가 되고 싶어 구슬땀 흘리는 이들은 한둘이 아닐 것입니다. 민희진, 방시혁, 이수만을 능가하는 기획자나 송라이터의 꿈을 꾸는 이들 역시 숱하게 많을 것입니다. 케이팝은 한국의 변화를 상징하는 증거이며, 한국인임을 자랑스럽게 만드는 이유일 수도 있습니다. 물론 뻔한 음악이고 좀처럼 좋아하기 어려운 음악이라고, 이게 노래냐고 폄하하는 이들도 분명 있을 것입니다. 어떤 삶을 살아왔고, 어떤 음악을 들어왔는지에 따라 얼마든지 다르게 케이팝을 이야기할 수 있습니다.

그렇지만 누구도 케이팝이 대세라는 사실만은 부정하지 못합니다. 숱하게 많은 증거가 있습니다. BTS가 세운 빌보드 기록만이 아닙니다. 사실 BTS가 데뷔했을 때 지금처럼 월드스타가 될 거라고 확신한 사람은 드물었습니다. 2018년 정규음반 〈LOVE YOURSELF 轉 'Tear'〉로 빌보드200 차트에서 1위를 했을 때도 BTS가 빌보드 차트에 계속 오르내리는 월드스타가 될 거라 확신하기 어려웠습니다. BTS가 빌보드200 차트에서 세 번의 1위 기록을 더 세우고, 빌보드 핫 100 차트에서 수시로 1위를 했을 때야 비로소 케이팝이 전 세계를 휘어잡고 있다는 것을 인정한 이들이 대부분입니다.

케이팝의 인기를 BTS 혼자 이끌 리는 만무합니다. 케이팝의 세계적인 인기는 뉴진스(NewJeans), 모모랜드(MOMOLAND), 몬스타엑스(MONSTA X), 보아(BOA), 블랙핑크(BLACKPINK), 소녀

시대, 세븐틴(Seventeen), 엔시티(NCT), 원더걸스(Wonder Girls), 카라(KARA), 트와이스(TWICE)를 비롯한 여러 아이돌 음악인들이 함께 쌓아왔습니다. 아니, 그보다 많은 음악인과 대중문화산업 노동자들이 오랫동안 피땀 흘려 쌓아올린 인기입니다.

케이팝의
공통점 찾아보기

그렇다면 뉴진스, 모모랜드, 몬스타엑스, 블랙핑크, 소녀시대, 세븐틴, 엔시티, 원더걸스, 카라, 트와이스 같은 아이돌 음악인의 공통점은 무엇일까요. 성별이 다르고, 국적이 다르고, 음악 스타일과 세계관, 소속사까지 모두 다른 아이돌 음악인과 그들의 음악을 케이팝으로 묶어주는 공통점은 무엇일까요. 대개 10~30대 젊은 세대를 팬으로 상정하고 활동한다는 사실, 음악가와 팬이 거의 동일한 연령대라는 사실, 그들이 좋아하고 듣고 싶어 하는 이야기를 스타일리시하게 노래하며 칼군무를 선보이고, 젊은 세대가 좋아하는 알앤비/일렉트로닉/팝/힙합 장르를 주로 실연한다는 사실이 케이팝 음악과 음악가들의 공통점임은 분명합니다.

하지만 젊은 음악가이거나, 젊은 세대를 팬으로 상정하고 활동하는 음악가는 훨씬 많습니다. 일렉트로닉/팝/힙합 장르를 기반으로 활동하는 음악인 또한 많습니다. 가령 지금 활동하는 힙합 음악가 가운데 상당수도 마찬가지 아닌가요. 그런데도 젊은 힙합 음악가의 음악을 케이팝이라고 부르지 않습니다. 그 음악가를 케이팝 음악가에 포함시키지 않습니다. 이렇게 이야기하면 케이팝과 케이팝 아닌 음악, 케이팝 음악가와 케이팝 아닌 음악가의 차이가 더 막연하게 느껴질지 모릅니다.

그렇다면 케이팝의 핵심은 무엇일까요? 케이팝 음악과 음악가의 가장 중요한 특징은 바로 대형연예기획사를 통해 만들어진다는 점입니다. 음악가가 되는 방법은 여러 가지가 있습니다. 실용음악학원에 다니면서 음악을 배우거나, 실용음악과에 진학해 공부한 다음 데뷔하는 방법이 있습니다. 정규교육과정을 거치지 않더라도 자신이 만든 곡을 들고 음반 레이블이나 기획사, 혹은 라이브 클럽에 찾아가 활동을 시작하기도 합니다. 직접 음반을 만들어 발표하거나, 자신이 만든 곡을 유튜브, 사운드 클라우드(soundcloud.com), 밴드캠프(bandcamp.com) 등에 올려놓으면서 활동을 개시하는 음악인은 흔해졌습니다. 외국에 나가 공부하고 오는 이들도 많습니다. TV 오디션 서바이벌 프로그램의 경연에 도전하는 이들 역시 셀 수 없을 정도입니다.

그런데 케이팝 음악인은 다릅니다. 케이팝 음악인은 앞서 이야기한 방법을 병행하기도 하지만, 대부분 대형연예기획사로 직행합니다. 대형연예기획사는 수시로 오디션을 열어 연습생을 뽑습니다. 대표적으로 SM엔터테인먼트(이하 SM)의 경우 이메일로 노래, 춤, 연기 등을 담은 영상을 접수받은 다음, 온라인 심사를 거친 후, 매주 토요일마다 온/오프라인 공개오디션을 열어 연습생을 선발합니다. 첫 번째 관문입니다.

무사히 오디션을 통과해 연습생이 되면 훈련을 시작합니다. 노래를 배우고 춤을 배우고 외국어/한국어를 배웁니다. 악기를 배우거나 연기를 배우기도 합니다. 태도와 마인드를 훈련하는 것은 물론입니다. 연습생이 되었다고 안심할 수 없습니다. 연습생이 되었다고 반드시 데뷔하는 것은 아니기 때문입니다. 연습생은 계속 새로운 과제를 받아 미션을 통과해야 살아남을 수 있습니다. 수많은 2차 관문의 연속입니다. 보통 5년 이상 연습해야 하고, 번번이 다른 도전과제를 해내야 합니다.

하고 싶으면 하고, 안 하고 싶으면 안 할 수 있는 일이 아닙니다. 끼가 있다고 쉽게 해낼 수 있는 일도 아닙니다. 피나게 노력해야 간신히 해낼 수 있는 일입니다. 하기 싫어도 해내야 합니다. 다른 연습생과의 경쟁에서 이겨야 합니다. 그러려면 반드시 해내겠다는 의지가 있어야 하고, 자신의 목표가 분명해야 합니다. 춤과 노래가 좋아서이건, 인기를 얻고 싶어서이건, 돈을 많이 벌고 싶어서이건 케이팝 아이돌 음악인이 되려는 이유가 확실해야 합니다. 항상 재미있지는 않은 일을 계속해보자고 자신을 설득할 수 있는 이유가 있어야 하고, 자신을 꾸준히 응원하고 채근할 수 있는 힘이 있어야 합니다. 당장 이루어지지 않지만, 언젠가는 이루어질 미래를 위해 포기하지 않고 도전해야 합니다. 그 과정이 즐겁기도 하고 보람차기도 해야 합니다.

누구나 직업을 갖게 되고, 그 일을 오래 계속하기란 대부분 쉽지 않습니다. 케이팝 음악인은 어린 나이 때부터 많은 훈련과 경쟁을 감당해야 하기 때문에 더더욱 어렵습니다. 꿈을 품고 시작했다가 포기하거나 탈락하는 청소년이 많을 수밖에 없습니다. 유명해진 케이팝 아이돌 스타를 바라보면 눈이 부시지만, 오래오래 스포트라이트를 받는 케이팝 음악인은 극소수뿐입니다. 화려한 스타만이 케이팝의 전부가 아닙니다. 케이팝은 수많은 이들의 실패 위에 쌓은 성입니다.

케이팝 음악인이 되는 방법

만약 케이팝 아이돌 음악인이나 대중예술인이 되고 싶다면, 아이유나 정국 같은 스타가 되기를 원한다면 우선 자신에게 재능이 있는지부터 확인해봐야 합니다. 노래를 잘하거나 춤을 잘 추는지, 연기에 재능이 있는지 알아야 합니다. 당장 오디션을 보고 연습생 생활을 시작해야 한다고 조바심을 내기 전에 자신에게 얼마만큼의 재능이 있는지 확인하는 일이 우선입니다. 누구나 손흥민이 되고 뉴진스의 멤버가 되지는 못합니다. 사람마다 타고난 재능이 다르기 때문입니다. 열심히 연습하는 건 항상 중요하지만 재능이 없는 사람은 아무리 연습해도 잘해내기 어렵습니다. 먼저 학원에 다니거나 영상 오디션에 도전하면서 자신에게 얼마나 재능이 있고, 가능성이 있는지 알아보아야 하는 이유입니다. 그런 후 도전해도 될지 아닐지 결정해도 늦지 않습니다. 조급하게 서두르거나 고집을 피울 필요는 없습니다. 설사 연습생이 되더라도 너무 힘들거나 재미가 없으면 중단하는 게 낫습니다. 그건 실패가 아니라 선택입니다. 삶은 길고 세상에는 자신을 행복하게 하는 일이 얼마든지 많습니다.

케이팝 아이돌 음악인이나 기획자가 되고 그 일을 계속하려면 인내심과 끈기도 중요합니다. 원하는 만큼 실력을 쌓기 위해서는 시간이 필요합니다. 천재적인 재능을 가졌다고 한두 달 만에 모든 과정을 마스터하는 건 영화에서나 가능한 일입니다. 인기를 얻기 위해서도 견뎌야 하고 기다려야 하고 계속해야 합니다. 금세 인기를 얻거나 오래 인기를 유지하기는 어렵습니다. 꾸준히 연습하고 노래하고 춤추고 고민하는 일이 이 일의 기본입니다. 그만큼 자신이 하는 일을 좋아해야 하고, 문화예술을 사랑해야 합니다.

대중예술인은 평생 똑같은 질문에 대답하며 살아갑니다. 왜 이 일을 하려는지, 이 일을 정말 좋아하는지 계속 스스로에게 묻고 답하게 됩니다. 돈과 인기는 근사해 보이고, 춤추고 노래하는 일은 즐겁겠지만 그 과정에서 자신이 즐겁고 행복하지 않다면 무슨 의미가 있을까요. 자신이 다른 이들에게 도움이 되는 일을 하고 있다는 확인을 받지 못하면 자신의 삶이 초라하게 느껴질지 모릅니다.

게다가 일을 하다 보면 많은 관계와 사건이 끼어듭니다. 무수한 관계와 사건을 받아들이고 자신을 지키며 살아가겠다는 각오 없이는 불가능합니다. 혼자 마음 내키는 대로 할 수 있는 일이 아닙니다. 즐겁고 재미있고 기쁘기만 한 일은 세상 어디에도 없습니다. 케이팝 아이돌 음악인이나 대중예술인이 되고 계속하기 위해서는 노래와 춤, 연기, 외국어 실력, 인내심만 갖추면 되는 게 아닙니다. 자신에게 정직해야 합니다. 꿈을 가져야 합니다. 스스로를 지켜가야 합니다. 쉬운 일이 아니니 얼마나 준비가 되어 있고, 각오가 되었는지 두 번 세 번 확인하고 시작하는 게 최선입니다.

케이팝은
기획사의 결과물

SM, YG엔터테인먼트(이하 YG), JYP엔터테인먼트(이하 JYP), 큐브엔터테인먼트(이하 큐브), 하이브를 비롯한 한국의 대형연예기획사들은 비슷한 선발 과정을 반복하면서, 케이팝 음악가를 발굴하고 육성하며 관련 콘텐츠를 제작해 데뷔시킨 후 활동하는 노하우를 계발하고 발전시켰습니다. 끼, 관심, 열정, 재능이 있는 아이돌 지망생을 선발해 오랜 기간 훈련시키는 일 외에도 할 일이 넘쳐납니다.

　제작사들은 그들이 추구하는 방향에 맞춰 아이돌을 훈련시킨 다음, 어떤 콘셉트/세계관으로 데뷔시킬지 기획합니다. 지금 어떤 음악과 스타일의 아이돌 음악가가 인기가 있는지 살펴보고, 앞으로 어떤 콘셉트가 주목받을지 전망합니다. 대중음악계의 흐름만 살피는 것으로는 부족합니다. 드라마, 영화, 게임을 비롯한 대중문화의 여러 흐름을 동시에 살펴보고, 가상현실의 등장 같은 사회의 변화도 반영해야 합니다. 당연히 국내외의 다양한 흐름을 다 파악하고 있어야 합니다. 그렇다고 유행을 따라가기만 해서는 안 됩니다. 때로는 유행을 뛰어넘어 파격적인 모델을 제시하며 승부를 걸기도 해야 합니다. 수없이 많은 가능성 가운데 어떤 선택을 할 것인지 고민하고 결정해야 합니다. 그렇게 고민한 후에야 방향에 맞춰 곡을 맡기고, 의상과 안무를 짜고, 뮤직비디오를 찍고 활동합니다. 이렇게 여러 사람이 고민을 거듭해도 성공하기 어렵습니다. SM의 경우에도 실패한 아이돌이 여럿 있을 정도입니다.

사실 케이팝은 금세 성과를 낼 수 있는 분야가 아닙니다. 적어도 5년 이상 준비해야 하고, 그 후에도 유사한 과정을 반복하면서 업그레이드해야 합니다. 잘될지 안 될지 모르는 일을 준비하며 투자해야 합니다. 회사의 규모가 뒷받침되지 않으면 쉽게 시작할 수 없습니다. 충분한 자본과 기획력, 국내외 전문가 네트워크가 있어야 가능합니다. 케이팝 아이돌을 만드는 일은 상상하고 꿈꾸는 일이며, 계속 준비하는 일이고, 기다리는 일이며, 투자하는 일입니다. 끊임없이 변화하는 환경과 크고 작은 사건에 유연하게 대처하는 일입니다.

그렇게 해도 성공하기 어렵습니다. 케이팝 음악가는 갈수록 늘어나고, 경쟁은 치열해집니다. 대형연예기획사 출신이라고 반드시 성공하지 않고, 인기를 끌다가 갑자기 해체하기도 합니다. 예전에는 예상하지 못했던 논란에 휩싸이는 일도 흔합니다. 코로나 팬데믹 때는 해외 활동이 어려워지고, 국내 활동도 자유롭지 않게 되면서 활동을 중단한 케이팝 음악인들이 적지 않았습니다.

케이팝 음악가는 얼마나 잘 선발하고, 훈련시키며, 기획하고 제작하는지에 따라 결과가 천차만별 달라집니다. 케이팝은 음악가들이 얼마나 재능을 가지고 있으며, 최선을 다해 활동하는지도 중요하지만, 제작사가 어떻게 역할을 하는지가 더 중요합니다. 콘셉트를 정하고, 노래를 만들고, 스타일을 구현하는 과정은 갈수록 전문화될 뿐 아니라 공동 작업으로 변하는 추세입니다. 당연히 실력 있는 전문가와 작업할 수 있는 제작사, 더 많은 전문가를 연결할 수 있는 제작사가 성공하기 마련입니다.

케이팝 전의 음악가라고 개인의 천부적 재능만 믿고 승부를 걸지 않았습니다. 대중음악의 역사에서는 초창기부터 틴팬앨리(Tin Pan Alley)•처럼 제작 과정을 분업화/전문화한 시스템이 작동했습니다. 영미권 대중음악 시장에서는 기획자/매니저/제작사의 역량 덕분에 성공한 음악가가 부지기수로 많습니다. 많은 이들이 한 사람의 천재 음악가가 모든 것을 다 해냈다고 생각하지만, 제작 시스템은 갈수록 정교해지고 체계적으로 움직이면서 시스템으로 스타를 만들어내는 추세입니다. 케이팝은 이 과정을 더욱 정교하게 가다듬었고 체계화했습니다.

• 미국 뉴욕 맨해튼의 한 구역이며, 1920~30년대와 1950~60년대에 이곳에서 팝음악을 전문적으로 생산했다.

케이팝이
만든 변화

온라인 음악 서비스에서 케이팝을 찾아보면 곡마다 작사가, 작곡가의 이름이 여럿이라는 사실이 증거입니다. 케이팝 음악은 혼자 만들지 않습니다. 음악을 만드는 과정부터 다릅니다. 케이팝 음악은 여러 창작자가 함께 만듭니다. 전문 창작팀에서 만들고, 여러 송라이터들이 모여서 만듭니다. SM에서 활용하는 대표적인 제작 방식인 '송캠프'가 가장 좋은 예입니다. 초창기의 SM은 유영진을 필두로 한 국내 창작자들과 협업해 곡을 만들었습니다. 그 후에는 해외 창작자들의 곡을 받아서 발표하는 방식을 병행했습니다. 해외 시장을 겨냥하기 때문이고, 더 트렌디한 곡을 만들고, 창작자의 풀을 늘리고 싶었기 때문입니다. 아무리 훌륭한 창작자라도 모든 장르와 스타일을 다 소화하기는 어렵습니다. 계속 히트하는 좋은 곡을 써내기는 불가능합니다. 시간이 흐르면 유행이 바뀌는 걸 감안해야 합니다.

결국 SM은 제작 방식을 계속 업그레이드하다가 2010년대부터는 해외의 창작자들을 한국으로 초대했습니다. 정해진 기간 동안 해외 창작자들과 국내 창작자들이 같은 공간에서 협업하며 곡 작업을 진행하기 위해서입니다. 주선율을 만드는 작곡가 탑 라이

너가 써낸 악보를 기반으로 함께 작업해서 곡을 만든 다음, 좋은 곡만 골라 사용하는 방식입니다. 그렇게 해서 SM은 국내외 음악 팬들을 두루 만족시킬 수 있는 음악을 생산했습니다. 개인의 영감과 노력으로만 작업하는 것이 아니라 협업 시스템으로 작업 방식을 바꿔, 실패 확률을 줄이고 국내외 시장을 두루 만족시킬 수 있는 작품을 만들어낸다는 사실은 케이팝 음악이 과거의 음악과는 완전히 다른 시스템의 결과물임을 보여줍니다. 혼자 작업하는 방식으로 만든 결과물보다 더 나은 결과물을 찾기 위한 고민 과정에서 만들어진 SM의 송캠프는 케이팝의 성장이 얼마나 많은 변화를 통해서 이루어졌는지 알려주는 증거입니다. 작은 가게에서 시작한 음식점이 프랜차이즈로 성장하면서 대표 메뉴를 대량 생산하는 과정과 흡사하다고 할 수 있습니다.

케이팝 아이돌의 활동 영역도 바뀌었습니다. 케이팝 음악가는 노래만 하지 않습니다. 연기를 하고 방송인으로 활동합니다. 팀으로 활동하면서 동시에 솔로로 활동합니다. 유닛으로 헤쳐모이기도 합니다. 이렇게 다양한 역할을 거뜬히 소화합니다.

어느새 케이팝은 한국의 대중문화산업을 이끄는 거대하고 중요한 동력이 되었습니다. BTS의 소속사인 하이브의 시가총액은 10조 원대를 오가고, SM과 JYP, YG의 시가총액은 모두 1조 이상 규모입니다. 파리바게트와 국내 베스킨라빈스 등을 운영하는 SPC삼립의 시가총액이 6,000억 내외 규모임을 감안하면 한국 대형연예기획사의 규모가 어느 정도이고, 케이팝이 얼마나 큰 역할을 하고 있는지 쉽게 알 수 있습니다. 한국의 경제 규모가 예전과 판연하게 달라진 것처럼, 한국 대중음악 산업의 규모 역시 급속도로 성장했습니다.

케이팝에서 성장한
한국의 대중문화 산업

케이팝의 현재를 이해하기 위해 몇 가지 사실을 덧붙일 필요가 있습니다. 좀처럼 음반으로 음악을 듣지 않는 시대인데, BTS의 음반은 그동안 2,000만 장 이상 팔렸습니다. 2021년 NCT 127은 〈Sticker〉 음반을 내놓고 리패키지 음반을 포함해 358만 장이나 팔았으며, NCT 드림 역시 정규 1집 〈맛(Hot Sauce)〉으로 207만 1,000여 장, 리패키지 음반 〈헬로우 퓨처(Hello Future)〉로 127만 9,000여 장의 판매고를 기록했습니다. 기록은 계속 이어집니다. 2023년 세븐틴의 〈FML〉은 620만 장, 〈SEVENTEENTH HEAVEN〉은 509만 장, 스트레이 키즈의 〈★★★★★〉는 540만 장, NCT DREAM의 〈ISTJ〉는 420만 장 팔렸다는 이야기를 더해야 케이팝의 인기와 규모에 근접할 수 있습니다. 이렇게 음반을 파는 힘이 바로 대형연예기획사의 능력입니다.

아울러 케이팝을 제작하는 대형연예기획사에 케이팝 아이돌 음악가들 외에도 수많은 대중예술인들이 소속되어 활동하고 있다는 사실도 중요할 것입니다. 케이팝 음악을 기획하고 제작하며 성장한 제작사들은 그 성공을 기반으로 사업 영역을 확장하며 회사 규모를 키웠습니다. 케이팝에서 시작해 대중문화 전반의 매니지먼트, 제작, 유통, 공급까지 전담하면서 규모의 경제를 실현하는 산업의 주역으로 변화한 것입니다.

케이팝은 규모만 성장한 것이 아닙니다. 케이팝의 초창기인 1990년대 중후반에는 케이팝 음악이 완성도 높다고 주장한 이들은 팬들뿐이었습니다. 당시의 케이팝 음악은 청소년 팬들만 좋아하는 음악이라고 치부되곤 했습니다. 상당수의 음악팬들은 가창력이 부족해 립싱크한다거나 표절한다는 식으로 케이팝 음악을 조롱하거나 폄하했습니다.

그 후 케이팝 음악은 꾸준히 변화했습니다. 지금 케이팝 음악인이 선보이는 가창력과 군무는 초창기의 아이돌 음악인과 비교도 할 수 없는 수준입니다. 1990년대에 활동한 아이돌 음악인들이 지금 같으면 자기는 활동을 못 했을 거라고 인정할 정도입니다. 송캠프 등의 협업 시스템으로 음악의 완성도도 높아졌습니다. 음악의 메시지 역시 다채로워지고 있습니다. 내면을 고백하고 성찰하는 노랫말, 페미니즘 리부트 등과 맞물려 여성으로서 자신의 목소리를 내는 노랫말이 늘어나고 있습니다. 직접 곡을 쓰고, 음악과 퍼포먼스의 프로듀싱에 참여하는 아이돌 음악가는 꾸준히 증가하는 추세입니다. 빌보드 차트 상위권에 오르고, 높은 유튜브 조회수를 올리는 성과는 우연히 일어난 일이 아닙니다.

케이팝의 국경이 확장하고 있다는 사실은 모두가 압니다. 외국 창작자들이 케이팝 음악을 함께 만들고, 외국계 멤버들이 팀의 멤버로 활동합니다. 케이팝의 인기 또한 중남미와 유럽, 미국을 비롯한 해외 시장을 넓혀가는 추세입니다. 한국의 대형연예기획사가 해외 현지에서 아이돌 음악인을 선발하고 훈련시켜 데뷔시킬 정도입니다. 그동안 쌓은 케이팝의 제작 기술을 수출하는 것이라 해도 틀린 말이 아닌 모습입니다. 이제 케이팝은 한국에서만 만들지 않고, 한국의 인력과 콘텐츠만으로 채워지지 않습니다. 케이팝에는 없는 게 없습니다. 케이팝에는 모든 게 다 있습니다.

제8장

일상에서 벗어나
새로운 활력을
찾고 싶다면

글쓴이_ **김준철**

강원대학교에서 윤리교육(학사, 석사)을 전공했다. 전방과 후방에서 정훈장교(1986~1991, 대위)로 복무한 후 강원도 여러 지역에서 중등교사로 재직했다. 2021년 3월부터 2년여 강원도교육청 〈청소년 인생학교〉에서 청소년교육 운영을 담당했다. 삶의 여정이 일관되게 교육의 한 줄기를 이루었으며, 특히 윤리 교과를 가르치면서 스스로 많은 것을 배우며 깨우치게 되었고 이것이 곧 자아 정체를 형성하는 계기가 되었다. 직업적인 삶이 때로 일상화되어 매너리즘에 빠질 때 신선한 삶의 역동성과 설렘을 가져올 수 있는 취미 활동의 체험과 그를 통해 얻을 수 있는 삶의 지혜를 소개하고자 『청소년을 위한 진로 인문학』의 집필진으로 참여했다.

스포츠에 삶의 길이 있다
feat. 테니스

나는 어떻게
살아야 할까?

사람은 어느 순간 우주의 주체로, 다른 한편으로는 자연의 한 구
성원인 객체로 던져져 살아가게 되며, 누구나 이 역사적인 삶을
'어떻게 살아야 할까?' 고민하게 됩니다. 각자가 살아가고자 하는
삶은 아주 다양하겠지만, 보통 사람들은 삶의 목적을 행복이라고
포장하며 각자가 생각하는 행복을 꿈꾸게 됩니다. 따라서 이루고
싶은 행복은 그에 대해 꿈꾸는 사람들만큼 다양할 수밖에 없을
것입니다. 고대 동양의 노자, 공자, 맹자 그리고 서양의 소크라테
스, 플라톤, 아리스토텔레스로부터 현대의 많은 철학자에 이르기

까지 각자 다양한 행복론을 펼치고 있습니다.

결국 생태계의 거대한 그물에 던져진 나는 장차 어떻게 살아가는 것이 행복한 것인지 고민하지 않을 수 없는 이유입니다.

보통 자신이 평소 좋아하는 일을 직업으로 삼고 살아가는 삶이 가장 행복할 것이라고 볼 수도 있겠지만, 그 또한 완벽한 답은 아닐 것입니다. 완벽하게 좋아하는 일만 하면서 살아가는 사람도 존재하기 어려울 뿐만 아니라, 좋아했던 일도 일상적으로 하다 보면 어느새 행복에서 멀어질 수 있기 때문입니다.

이럴 때 우리는 일상에서 벗어나 새로운 삶의 활력이 될 무언가를 추구하게 되며, 그것이 때로는 그림 그리기, 사진 촬영, 애니메이션, 전자 게임, 영화 등 예술작품 활동이나 감상, 축구, 농구, 탁구 등 각종 스포츠 활동이 되는 것입니다. 이러한 활동은 일상적인 삶에서의 지침과 허전함을 채워줄 또 다른 열정의 충전지가 되는 것입니다. 유희(놀이)는 인간의 본성에 내재하는 특징 중 하나이며, 네덜란드의 역사가이며 철학자인 호이징가(Johan Huizinga: 1872~1945)는 이를 '호모 루덴스(Homo Ludens)'라는 말로 표현했습니다. 이러한 유희적 활동들은 시대가 지나면서 이미 엄청난 규모로 산업화하였고 부가가치도 매우 높아졌습니다. 물론 이는 이미 직업으로 전문화되어 있기도 합니다. 그러나 대부분 유희(놀이)는 보통 자신의 직업으로부터 소외되어 있을 것입니다. 따라서 일상적인 직업으로서의 일과 더불어 유희적 활동 또한 삶을 풍요롭고 행복하게 이끌어줄 중요한 활동일 것입니다. 우리의 궁핍한 산업화 시대에 한때 무시당했던 놀이가 이제는 인간성 구현의 한 축이며 행복의 또 다른 활동이자 경우에 따라 엄청난 부(富)의 원천이 된다는 점을 부정하기는 어려울 것입니다.

나의 테니스
인생기

나는 30여 년 동안 테니스라는 운동을 해왔으며, 이제는 이 활동을 통하여 세계를 들여다보고 인생을 성찰하며, 삶의 새로운 활력을 충전해가고 있습니다.

1982년 대학 구내매점에서 테니스 라켓(당시 윌슨 우드 라켓, 가격 14,000원)을 구입하면서 처음으로 테니스라는 운동을 시작하게 되었습니다. 물론 고등학교 재학 시절에 선생님들이 코트에서 멋지게 치시던 모습은 내가 뛰어들기에 충분한 동기가 되었고, 넓은 캠퍼스에 조성된 테니스장은 내 마음을 움직였습니다. 연식정구(Soft tennis) 선수 활동을 했던 고향 선배에게 몇 번 배우고 동기들과 몇 번 휘둘러보기도 했지만, 공은 바닥으로 뒹굴거나 하늘 높이 치솟는 왕초보에 머물러 있었습니다. 꾸준히 배우지 못하고 보통 대학생의 방탕한(?) 생활에 빠져 결국 그 수준에서 벗어나지 못한 채 대학을 마치고 말았습니다. 5년 남짓의 군 장교 시절에 또 두어 개의 라켓을 사면서 배우려는 욕심을 가졌으나 물리적 시간과 공간 환경이 여의치 않아 늘 그 정도로 그쳤습니다. 한번은 어렵게 테니스 관리병에게 배울 기회가 생겨 형편없는 실력으로 복식게임을 한 적이 있었습니다. 게임 중에 코트 앞쪽 전위에 서서 파트너인 테니스병의 서브 모습을 뒤돌아보다가 서브 볼이 코에 정통으로 맞아 쌍코피가 터진 아픈 기억이 지금도 생생합니다.

그러다가 때늦은 나이 서른에 학교에서 근무하게 되면서 본격적으로 테니스를 치면서 배우게 되었습니다. 당시에는 학교에서 테니스가 유행하던 시절이었고, 학교마다 거의 테니스장이 만들어져 있었습니다. 물론 지금에는 거의 주차장이나 실내체육관 시설로 대체되어 거의 없어지긴 했습니다. 처음에는 초보 수준 실력과 어리바리함으로 인해 설움도 많이 겪었습니다. 학교에 근무할 때부터 주말을 테니스장에서 보내며 본격적으로 치기 시작했고 이제 어느덧 30년의 세월이 흘렀습니다. 테니스 코트에서 흘린 땀이 얼마나 될까요? 땀은 열정의 산물이었고, 그 결과 이제 어느 정도 테니스 자체를 즐길 수 있게 되었습니다. 그렇다고 뛰어난 실력은 아닙니다. 그래도 승부에 집착하지 않고 파트너와 함께 즐겁게 운동하면서 건강도 유지하고 아울러 인생 공부도 하는 행복의 한 줄기가 되었습니다. 오늘도 나는 테니스 가방을 메고 테니스 코트를 기웃거립니다.

테니스와
건강

세속적이고 일상적인 삶을 살아가는 사람들에게 삶의 에너지와 건강은 매우 중요합니다.

영혼과 정신의 건강도 잘 다듬고 가꾸어야 하지만, 그것도 신체적인 건강과 에너지(열정)가 있어야 가능합니다. 정신과 육체는 따로 존재할 수 없으며 상호 의존적인 측면이 있습니다. '건강을 잃으면 모든 것을 잃는 것이다'라고들 합니다. 일생을 건강하게 살려면 신체적인 활동이 필요하며, 이것이 미래의 삶을 추동하게 됩니다. 역동적인 삶을 살아가기 위해서는 신체적으로 건강해야 하는데, 그중 내가 선택한 흥미로운 운동이 바로 테니스인 것입니다.

테니스는 코트를 사이에 두고 하는 운동으로 직접 몸을 부딪치는 과격한 운동이 아닙니다. 신사적인 스포츠로 알려져 있으며 유산소 운동으로 비교적 늦은 나이까지 즐길 수 있는 활동입니다. 귀찮지만 건강을 위해서 어쩔 수 없이 하는 운동이라기보다는, 게임 그 자체가 아주 역동적이면서 즐거운 활동입니다. 즐겁게 운동하면서 건강을 유지할 수 있는 대표적인 스포츠 활동인 것입니다. 테니스 코트에서 동호인들끼리 서로 웃기도 하고 삶의 잔상들을 서로 이야기로 나누며, 때로는 코트를 사이에 두고 상대가 되어 멋진 플레이로 화답함으로써 육체적, 정신적 건강을 지켜가는 것입니다.

테니스와
관계성

한 특성화고에서 재직하고 있을 때, 동아리 활동으로 족구를 맡은 적이 있습니다. 처음에는 욕설과 남 탓으로 일관하며 상호 협력이나 배려를 전혀 하지 못했던 학생들이 한 학기가 끝난 뒤에는 자기 역할을 알고 자기 실수를 인정하며 배려와 협력을 할 줄 아는 모습을 보고 크게 느낀 바가 있었습니다. 교실에서 가르쳐도 안 되던 학생들이 스포츠를 통해 변해가는 모습을 보게 된 것입니다.

도덕, 윤리는 관계성에서 비롯됩니다. 인간관계에서 지켜야 할 도리가 테니스에도 고스란히 존재합니다. 코트 바닥의 공을 주워서 공을 받기 편하게 던져주는 매너, 규칙의 준수, 피할 수 없는 상태에 놓인 상대 선수 몸에 강하게 타격하지 않는 공격, 말로 상대의 약점을 괴롭히지 않는 태도, 실력이 아니라 네트에 걸려 떨어지거나 기타 얼떨결에 득점할 경우 표현하는 약간의 미안함 등 상대 선수에게 지켜야 할 매너가 있습니다.

상대 선수뿐만 아니라 자기편 파트너에게도 지켜야 할 매너가 있기 마련입니다. 파트너가 긴장하거나 부담을 갖지 않도록 배려하며 실수했을 때 격려하는 태도, 파트너의 움직임에 발맞춰 함께 움직이며 볼이 지나갈 틈새를 메꾸어주는 협력적 관계가 매우 중요합니다. 플레이 중에는 내 역할이 결코 정지 상태에서의 고정된 공간에 한정되지 않는다는 것입니다. 파트너에 대한 배려와 협력적 관계가 경기의 승패를 가르는 필수 요소 중 하나가 됩니다.

테니스를 통해 이러한 관계성의 이치와 원리를 깨닫고 즐기게 된다면 자칫 단순해 보이는 우리의 일상에 큰 활력이 될 것이며, 테니스라는 운동을 통해 얻는 서로 간의 격려와 배려, 협력은 관계성을 더욱 좋게 만들 것입니다. 곧 스포츠는 관계 형성의 원리이며 윤리의 스승이라 하겠습니다.

테니스와
성찰적 삶의 태도

생각하지 않고 일상의 매너리즘에 빠져 살게 되면 변화하고 성장할 수 없습니다. 모든 일에서와 마찬가지로 테니스도 내가 어제 했던 방식으로 오늘도 내일도 습관적으로 대응한다면 결코 생각만큼 나아가지 못할 것입니다. 하나하나 나의 플레이를 성찰하고 다듬지 않는다면 동호인과의 관계뿐만 아니라 테니스 실력도 별로 향상되지 못하고 정체될 것입니다. 테니스 실력은 어쩌면 나이가 들어 체력이 소진되는 정도에 따라 퇴보할 수 있습니다. 소크라테스의 "성찰하지 않는 삶은 살 가치가 없다"는 말이 스포츠에서도 역시 적용됩니다. 날로 새로워지려는(일신우일신日新又日新) 자기 성찰적 태도가 필요합니다.

　동호인 중에는 구력이 오래되었는데도 항상 일정한 수준에 머물러 있으며 같은 패턴을 고집하는 사람이 반드시 있습니다. 그중에는 화려한 한 방의 멋진 모습에 스스로 경도되어 그 틀에서 벗어나지 못하는 이도 있습니다. 속으로 안타까운 생각이 들기도 하는데, 오랜 경험을 통해서 본 바에 의하면 그런 사람은 특히 남의 얘기를 수용하지 않으려는 태도가 바탕에 깔려 있으며 스스로 성찰할 줄 모르는 듯 보입니다. 인생은 결코 한 방의 도박처럼 이루어지지 않는다는 것이 진리가 아닐까요? 아니, 로또의 일확천금도 자기 성찰의 기본적 소양이 갖추어지지 않는다면 과연 그 행복이 언제까지 유지될까요? 주로 동호인으로서 활동하는 테니스는 복식 게임으로 파트너와 함께 협력해야 하는 운동입니다. 파트너에 대한 일고의 배려와 협력도 없이 혼자만의 방식으로 끝장내려는 태도는(거의 본인 실수로 끝나는 경우가 많고, 별 미안함도 느끼지 않습니다) 플레이가 즐겁지도 않거니와 함께하고 싶지도 않습니다. 언제나 겸손한 마음으로 자기를 성찰할 때 실력도 향상되고 관계도 좋아집니다.

테니스와
중용의 미학

지나치지도 부족하지도 않은 최적의 상태를 유지하기는 여간 어려운 일이 아닐 것입니다. 지나치게 긴장하면 평소 상태의 자기 실력을 발휘할 수 없고, 아예 승부욕이 없다면 팀플레이가 깨지게 되어 게임에 흥미가 없어지고 협력 또한 어렵게 됩니다. 코트에 나가면 지나치게 승부에 집착하는 플레이어가 꼭 있습니다. 그런 사람과는 파트너가 되든 상대방이 되든 함께 게임을 하면 인(in)·아웃(out) 시비가 자주 일어나고, 가까이에 있는 상대 선수 몸에 아주 센 공으로 때리는 무례를(동호인들 사이에서는 흔히 그렇게 봅니다) 범하는 상황도 발생합니다. 또한 너무 힘이 들어가면 근육이 긴장하여 볼에 힘이 제대로 전달되지 않을뿐더러 볼 컨트롤도 잘 안 되어 제멋대로 날아가게 됩니다.

우리의 신체 또한 지나친 욕심으로 장시간 오랜 세월 무리하다 보면 테니스 엘보, 어깨근육 파열, 무릎연골 손상으로 오히려 건강을 해치는 상황에 이르기도 합니다. 동호인으로서 적절한 상태를 유지해야만 노년까지 즐길 수 있습니다. 테니스 운동에도 유가의 과유불급(過猶不及)·무과불급(無過不及), 아리스토텔레스의 중용(中庸, mesotes)의 태도가 요구된다고 하겠습니다.

테니스와
생활의 과학

테니스는 과학의 원리를 알아야 게임을 잘할 수 있습니다. 테니스에는 볼의 정회전(드라이브)과 역회전(슬라이스)을 주는 원리, 그 원리를 판단하여 위치를 잡고 리턴하는 원리, 내 볼이 보내지는 위치에 따라 상대 선수 리턴 볼의 방향과 각도가 한정되는 공간 활용의 원리, 네트와 정해진 라인 안에서의 공중 공간의 활용 원리, 팔과 어깨의 힘을 뺐다가 볼을 치는 순간에 힘을 주어야 파워가 전달되는 역학의 원리, 어깨 회전과 라켓 스윙의 원리, 팔목과 라켓의 레버리지 원리, 테니스장 바닥 구성(잔디, 클레이, 하드)에 따른 볼의 바운드 특징 등 수많은 물리적 역학과 기하학적 원리가 작동합니다. 서양에서는 일찍부터 이러한 역학적 원리와 선수의 신체적 구조에 대한 과학적 접근으로 뛰어난 선수가 양성되어 왔습니다. 테니스도 그 원리를 꾸준히 연구하지 않으면 성장하기 어려운 것입니다. 물이 웅덩이를 다 채운 후에 흘러가듯이[맹자, 盈科而後進] 테니스도 과학적 원리를 터득해야 한 단계 나아가는 것입니다.

테니스와
사회학, 심리학

모든 스포츠는 혼자 하는 것이 아닙니다. 기록을 중시하는 종목도 결국 상대가 있는 것이며, 취미로 하는 테니스도 동호회를 결성하여 함께하게 됩니다. 어떤 동호회 조직에도 천덕꾸러기가 존재하며, 이쪽저쪽을 떠돌아다니는 철새가 있고, 문제가 커지면 조직이 해체되어 이합집산이 나타나기도 합니다. 한편으론 조직에서 권력자가 되고 싶어 하는 사람도 있습니다. 동호회 자체가 사회의 축소판이라는 것입니다. 그 속에서 나 또한 그 사람들과 관계를 형성하면서 스스로 정체성을 형성하며 존재하게 됩니다. 사회의 조직과 운영의 원리가 작은 테니스 클럽에도 모두 적용됩니다.

대부분 스포츠가 그렇듯이 테니스는 멘탈이 매우 중요한 운동입니다. 특히 움직이는 공을 긴 라켓으로 치는 운동이라 배우기가 어려운 편입니다. 물론 골프는 더 긴 골프채로 공을 쳐야 하지만 공이 정지되어 있어 단순 비교는 곤란합니다. 골프도 멘탈이 중요하다는 얘기를 많이 합니다. 테니스 경기를 해보면 스스로 자기 제어가 되지 않아 쉽게 무너지는 모습을 자주 보게 됩니다. 지나치게 승부에 집착하여 과도한 힘이 들어가면 실수가 잦아지고, 심한 긴장감이나 상대방에 대한 위축은 평소의 자기 실력을 발휘하지 못하게 만드는 요인이 됩니다. 정확한 자기 진단에 따라 파트너와 적절하게 역할 조정을 하면서 배려·협력으로 심리적 안정감을 유지해야 합니다.

모든 운동이 그렇겠지만 테니스 게임은 고도의 심리전, 빠른

예측과 반응이 요구됩니다. 젊은 시절 스키를 탈 때의 기억이 납니다. 상급자 코스에 올라서서 아래를 내려다보면 경사가 엄청나 정신적으로 위축되기도 합니다. 조금이라도 두려움에 겁을 먹으면 가차 없이 넘어지고 맙니다. 강한 심장으로 앞을 향해 집어삼킬 듯이 전진해야 균형을 잃지 않고 짜릿하게 내려올 수 있습니다. 테니스 경기도 강한 멘탈로 주변 환경이나 상대 선수라는 변수에 흔들리지 않아야 합니다. 물론 승부는 다음 문제이고 평소 자기 실력을 발휘하느냐의 문제라는 것입니다.

또한 복식 경기를 하다 보면 상대편 선수 두 명 중 상대적 약자가 있기 마련이고, 그 약한 고리를 이용하여 공격하고 포인트를 얻어내려고 하는 것은 동물적 약육강식의 자연스러운 현상으로 보아야 합니다. 테니스 기량과 플레이 수준이 높은 실력자가 많은 영향력을 발휘하는 것 또한 일종의 정치학적 원리라고 할 수 있지 않을까요?

행복의 또 다른 줄기를
발견하는 기쁨

배움은 때와 장소를 가리지 않고 우리의 삶 속에 깊숙이 있습니다. 다만 생각하지 않고 흘려보내며 내 고집만 옳다고 여긴다면 변화는 있을 수 없고, 변화하지 않고 성장할 수는 없습니다. 그리고 배움을 자기 방식대로 체화하여 일상생활 속에서 운용하는 것이 지혜로운 태도일 것입니다. 테니스도 역시 끊임없이 배우고 익히려는 태도가 중요합니다. 배움의 대상은 늘 주변에 있음[논어 술이편, 三人行必有我師焉]을 깨닫고, 배우고 익히려는 태도[논어 학이편, 學而時習之 不亦說乎]를 실천해나갈 때 변화와 성장이 있는 것입니다. 또한 열정을 가지지 않으면 목표 수준에 미치지 못하며[不狂不及], 너무 지나치게 신체를 혹사하면 오히려 건강을 해치게 된다[過猶不及]는 교훈도 모두 그 속에서 얻을 수 있습니다. 고전을 통해 얻을 수 있는 사상가의 가르침을 테니스라는 운동을 통해서도 충분히 지혜로 받아들이게 된다는 점을 깨닫게 됩니다. 협력을 통한 상승효과가 요구되며, 그 협력이 나와 파트너의 단점을 보완해가는 상호작용임을 깨닫게 해주며, 절대로 혼자만의 힘으로 승리할 수 없다는 교훈도 얻게 됩니다.

행복은 멀리 있다고 생각하면 멀리 있고 가까이 있다고 생각하면 늘 내 주변에 있습니다. 나는 테니스를 통해 배움과 그 관계성을 찾아가면서 행복의 또 다른 한 줄기를 키운 것입니다. 생계를 유지하면서 자아실현의 방편이 되기도 하는 직업이 삶의 중요한 한 축이라면, 자신이 열정을 가질 또 다른 축으로서의 취미를 찾는 것은 매우 의미 있는 일이라고 생각합니다.

내가 하는 작은 그 무엇 속에 세상의 이치와 진리, 인간관계 속의 지혜가 담겨 있음을 깨달으면서 차츰 어른이 되어가는 것이 아닐까요?

제9장

당신이
탐험을 즐기면
생기는 일들에 대하여

글쓴이_ **문경수**

과학탐험가, 플레이랩스 대표. 지난 15년간 지구를 무대로 탐험을 하고 있습니다. 미국 항공우주국과 탐험을 했고 화성탐사를 위한 모의실험훈련에 참가했습니다. 현재 과학 교육 스타트업의 대표로 재직 중이며 지은 책으로는 『창문을 열면 우주』『문경수의 제 주과학탐험』『35억 년 전 세상 그대로』가 있습니다.

관점을 바꾸니
새로운 세상이 찾아왔다

탐험가가 되려면
어떤 공부를 해야 하나요?

사람들이 내게 가장 많이 하는 질문이 있습니다. "탐험가가 되려면 어떤 공부를 해야 하나요?" 저도 잘 모릅니다. 내셔널지오그래픽에서 후원하는 탐험가의 분류를 보면 지질, 생태, 공룡, 해양, 우주, 인류라는 키워드가 지배적이니 일당 해당 분야를 전공하면 도움이 됩니다. 하지만 탐험이란 행위의 본질을 떠올려보면 전공보다도 호기심이 중요합니다. 일단 궁금한 것이 있어야 대상을 관찰하고 질문을 품습니다. 나에게 탐험가가 되기 위한 방법을 묻는다면 여러분은 무엇이 궁금하냐고 되묻고 싶습니다.

탐험가로서 나의 내적 뿌리는 어린 시절에 있습니다. 충남 공주의 시골 마을, 그중에서 외딴집에 살았습니다. 매일 놀러 가려면 논두렁길을 한참 걷거나 산을 넘어야 했습니다. 그 길에서 별을 보는 게 일상이었습니다. 가끔 야트막한 산 정상에서 별자리 이름도 모르면서 막연히 우주를 동경했습니다. 우주에 대한 막연한 동경으로 고3이 되자 천문학과 진학을 염두에 두었지만 천문학과가 있는 대학은 전국에 열 곳이 채 안 되었고 그마저도 상위권 대학뿐이었습니다. 나름 심각했던 고민은 막역하게 지내던 동네 형의 조언 한마디에 단박에 해결됐습니다.

그 형은 우주를 연구하는 건 천문학만의 전유물이 아니라고 말했습니다. 인간이 우주에서 생활하려면 식량, 의복, 소프트웨어 등 다양한 전문 분야가 필요하니 너도 방법을 달리 해보라고 했습니다. 나는 순간 '유레카!'를 외쳤고 천문학 대신 컴퓨터를 좋아하는 적성을 살려 컴퓨터공학과에 진학했습니다. 그리고 졸업 후 친구들이 하나둘 대기업에 입사할 때 인공위성 관제시스템을 개발하는 부산의 한 벤처기업을 찾아가 취업을 했습니다.

얼마 후 우주가 구체적으로 가슴에 와닿는 경험을 하게 됐습니다. 우리 회사에서 만든 소프트웨어를 탑재한 인공위성이 지구 궤도를 돌고 있다고 생각하니 평범했던 일상이 조금 달리 보였습니다. 퇴근길에 문득 밤하늘을 올려다보는데 잊고 지내던 우주가 가슴에 '훅' 들어왔습니다. 무심히 바라보던 달이 매일 어떻게 모양이 바뀌는지, 별이 빛나는 원리가 무엇인지 마구 궁금해졌습니다.

그때부터였습니다. 그토록 열렬했던 우주에 대한 호기심이 재생되면서 오래전 작동을 멈춘 줄 알았던 꿈의 센서가 다시 작동하기 시작했고 기다렸다는 듯 열정의 회로가 열렸습니다.

취미로 시작했던
탐험이 삶의 중심으로

궁금해지니 알고 싶었습니다. 무작정 도서관에 가서 칼 세이건의 『코스모스』를 빌렸습니다. 칼 세이건은 우주의 경이로움을 서정적인 문장으로 가득 채워놓았습니다. 한편으로는 중간중간 등장하는 수식과 그래프가 나를 좌절하게 만들었습니다. 이는 나만의 좌절은 아니었습니다.

그 무렵 나와 비슷한 고민을 하던 사람들과 독서모임을 만들어 같이 책을 읽기 시작했습니다. 돌이켜 보면 40년이 넘는 인생을 살면서 가장 잘한 일이 18년째 이어진 독서모임입니다. 흔히 100세 시대라고 말합니다. 평생교육 관점에서 독서만큼 다른 사람의 식견을 적은 돈으로 내 것으로 체화시키는 방법은 딱히 없을 것 같습니다. 한 달에 인문교양서 1권, 과학교양서 1권을 읽으며 두 문화의 경계지점에서 벌어지는 지적 유희를 즐겼습니다. 서로의 지식을 빌려 과학의 세계로 입문하는 즐거움이 큰 만큼 궁금증도 눈덩이처럼 불어났습니다.

읽는 과학에 머물지 않고 좀 더 재미있게 과학을 경험하고 싶어 2006년 독서모임 회원 6명과 탐험대를 꾸려 지구 초기 생명체의 흔적이 가장 잘 보존돼 있는 서호주 사막으로 탐험을 떠났습니다. 책에서 본 내용을 눈으로 보고, 손으로 만져보고, 감각으로 느꼈습니다. 그때 처음으로 앎이 주는 감동을 느꼈습니다. 앎의 즐거움은 성인군자나 느끼는 반열이라고 생각했는데, 아니었습니다.

그 후 1년에 한 번씩 지구상에서 과학적으로 의미가 있는 곳으로 탐험을 떠났습니다. 그렇게 서호주를 시작으로 몽골, 하와이 등으로 나만의 탐험지도를 쌓을 수 있었습니다.

재미난 일은 금세 소문이 나는 법! 네 번째 탐험을 앞두고 공개 모집을 했을 때 70명이 넘는 지원자가 몰렸습니다. 인원이 방대해진 만큼 더 정교한 프로그램을 짜기 위해 후배와 호주 사막으로 답사를 떠났다가 사막 한가운데서 조난을 당했습니다. 탐험 인생을 통틀어 최악의 위기였습니다. 3일 동안 200킬로미터가 넘는 길을 걸으며 몸무게가 14킬로그램가량 빠질 만큼 혹독한 시간을 보냈습니다. 하지만 3일 밤낮을 걸으며 봤던 사막의 아름다운 자연환경을 보면서 문득 조금 더 자연을 이해하고 싶다는 생각이 들었습니다. 이제는 취미가 아니라 '과학탐험가'로서 본격적으로 지구 곳곳을 탐험하고 싶단 열망에 사로잡혔습니다.

그날 내가
과학자에게 쓴 이메일

극적으로 한국에 돌아온 뒤 탐험가로서의 삶에 대해 구체적으로 고민했습니다. 가장 먼저 서호주의 주도인 퍼스라는 도시에 가서 일단 현지 여행사에서 일을 배웠습니다. 여행사에서 일해본 경력은 없었지만 탐험이란 또 다른 형태의 경험치를 무기로 여행사에 합류했습니다. 1년 정도 여행사 일을 배우며 광활한 호주 사막을 둘러볼 계획이었습니다.

외국 생활이 처음인지라 언어도 문제였지만, 금전적 여유가 없다 보니 문화 생활을 못하는 게 힘들었습니다. 돈을 쓰지 않고 문화 생활을 하려다 보니 매일 근처 도서관과 자연사박물관을 찾게 됐고 자연스레 그곳 사서, 연구원과 친해졌습니다. 가끔 내가 좋아할 만한 책을 추천해주기도 했습니다. 여기서도 나의 주특기가 살아났습니다. 비용 때문에 자주 사막을 가진 못했지만, 도서관에서 본 책의 내용을 자연사박물관에 가서 보고 물어보는 방식으로 나만의 탐험을 계속 이어갔습니다.

그러다가 한국으로 돌아올 날짜를 얼마 남겨두지 않았을 때 운명 같은 일이 일어났습니다. 도서관에서 우연히 발견한 신간 서적을 보는데 저자명을 보는 순간 소름이 돋았습니다. 혹시 철자가 다른가 싶어 몇 번이고 확인했습니다. 우주생물학자인 마틴 반 크라넨동크(Martin Van Kranendonk) 박사로, 그동안 내가 봤던 수많은 다큐멘터리에 등장해 생명의 경이로움을 전달해주던 장본인이었습니다. 더 놀라운 건 미국 나사(NASA)에서 일하던 그가 마침 내가 머물던 퍼스의 서호주지질조사국에 파견을 나와 있었습니다. 그날 저녁 그가 나온 다큐멘터리를 다시 찾아보고 구글 번역기를 동원해 그에게 만나고 싶다고 이메일을 보냈습니다.

일주일 뒤 짧은 회신이 왔습니다. "좋습니다. 18일에 연구소에서 만나죠." 저는 너무 기분이 좋아 답장을 인쇄해 부적처럼 몸에 지니고 다녔습니다. 만남을 일주일 앞두고 뜻밖의 고민이 생겼습니다. '만약 약속 당일에 내가 길을 헤매서 늦게 도착하면 마틴 박사의 시간을 뺏는 건 아닐까? 내가 마틴 박사를 만날 시간도 줄어들지는 않을까?' 정신이 번쩍 들었습니다.

그다음 날부터 일이 끝나면 내가 머물던 숙소에서 서호주지 질조사국까지 찾아가는 연습을 시작했습니다. 그만큼 절박했죠. 다섯 블록을 지나 커다란 유칼립투스 나무가 보이면 10시 방향 건너편에 회색 건물이 나온다는 식으로 이미지트레이닝을 했습니다. 약속 당일엔 만남의 형식을 갖추고 싶어 인터뷰 질의서도 번역기를 써서 만들었습니다. 드디어 2010년 8월 18일 오후 3시 30분. 심호흡을 하고 연구소 로비로 들어갔습니다. 어찌 됐든 한 시간가량 인터뷰가 진행됐습니다. 그는 내 질문이 이해가 안 되면 일일이 질문지를 보며 답변해줬습니다.

Q. 광합성을 처음 시작한 게 식물이 아니라는 걸 알고 굉장히 놀랐어요. 지구 대기에 처음으로 산소를 공급한 스트로마톨라이트 형성 과정은 정말 신기한 이야기예요. (스트로마톨라이트는 시아노박테리아라는 세균이 오랜 세월 딱딱한 구조물로 퇴적해 만들어진 암석이다. 이 세균이 지구에서 최초로 산소를 만들었다.)

"동감합니다. 나도 그런 점에 이끌려 우주생물학연구를 시작했어요. 일반인에게 스트로마톨라이트에 대해 설명하면 대부분 놀라워해요. 하지만 그 존재를 아는 사람은 드물어요. 한번은 음악가와 샤크만(Shark Bay)에 가서 스트로마톨라이트를 본 적이 있는데, 즉석에서 연주회를 했어요. 오래된 생명체를 본다는 자체만으로도 큰 영감을 주죠."

Q. 박사님이 출연한 다큐멘터리를 다 봤습니다. 토성의 위성인 엔켈라두스에서 물이 발견됐다고 하는데, 물이 존재한다는 건 생명체가 살 수 있는 최소한의 조건이 충족된 거잖아요. 엔켈라두스에 어떤 형태의 생명체가 존재한다고 생각하세요?

"아주 흥미로운 질문이네요. 카시니 탐사선(1997년 미국 나사가 발사한 토성 탐사선)이 보낸 엔켈라두스의 물기둥 사진은 정말 충격적이었죠. 과학자들은 많은 가능성을 열어두고 있습니다. 지구에도 극한환경에서 살아가는 생명체가 많습니다. 이런 것들을 보면 지구랑 환경이 다른 조건에서도 얼마든지 생명체는 존재한다고 봅니다."

인터뷰를 마친 뒤 그는 퇴근을 미루고 내게 연구소 투어를 시켜줬습니다. 투어를 마친 다음 그는 벽에 붙은 포스터를 가리키며 내게 특별한 제안을 했습니다. 한 달 뒤에 우주생물학 콘퍼런스를 마치고 서호주지질조사국과 나사우주생물학연구소가 공동으로 탐사를 떠날 예정인데 함께 가지 않겠냐고 물었습니다. 저는 전광석화 같은 속도로 그 자리에서 "네!"를 외쳤습니다. 그렇게 한 달 뒤 나는 세계적인 우주생물학자들과 서호주 사막 한복판에 서 있었습니다.

기회를 만들고자 할 때
가장 중요한 마음가짐

간절하면 통한다고 했던가요. 그는 제게 큰 호의를 보였습니다. 몇 달 뒤 영어가 조금 편해졌을 때 그에게 그날의 호의에 대해 물었습니다. 처음 메일을 받고 열정을 높이 사서 만남을 결정했다고 했습니다. 하지만 영어도 어눌하고 전공자도 아닌 나에게 어떤 말을 해주면 좋을지 고민을 했다고 합니다. 하지만 두 번째 질문을 받고 생각이 바뀌었다고 말했습니다. 내가 과학을 전공하진 않았지만 궁금한 대상에 대한 애정이 느껴졌고 인터뷰 준비를 성실하게 했다는 점을 높게 샀다고 말했습니다.

누군가 해당 분야의 전문가를 만나 기회를 만들고 싶다면 두 가지를 조언해주고 싶습니다. 우선 모든 전문가들은 시간을 분 단위로 쓸 만큼 바쁩니다. 만나려는 목적을 명확히 해둘 필요가 있습니다. 전문가가 쓴 책이 있다면 최소 한 권은 정독을 해야 합니다. 정독을 통해 전문가가 어떤 일을 하고 있는지 이해할 필요가 있습니다. 다음으로 전문가가 인터뷰한 기사나 영상이 있다면 꼭 봐야 합니다. 그 안에는 최근 전문가가 어떤 일을 하는지, 또 고민은 무엇이고 앞으로 어떤 일을 계획하는지에 대한 흐름을 이해할 수 있는 정보가 들어 있습니다. 이 정도 준비를 마치고 만난다면 짧은 시간 안에 서로 만족할 만한 대화를 이끌고 지속적인 관계를 만들어낼 수 있습니다.

과학탐험가로서의 지난 10년을 돌아보면 나사와 탐험을 마친 후 과학탐험가로서의 진로를 본격적으로 만들 수 있었습니다. 그때 만난 과학자들로부터 다른 지역을 탐험할 때 필요한 정보, 전문가, 입장 허가에 대한 도움을 많이 받았습니다. 탐험의 주제도 우주, 공룡, 화산, 극지로 넓어졌습니다. 〈효리네 민박〉 출연으로 관심을 갖게 된 제주도 탐험도 '화산섬만이 갖고 있는 독특함은 무엇일까'라는 호기심에서 출발해 제주도를 연구하고 탐험하는 전문가들의 만남을 통해 시작됐습니다.

탐험은 소수의
전유물이 아니다

탐험의 정의를 찾아보면 "위험을 무릅쓰고 찾아가 알려지지 않은 어떤 곳을 살피고 조사함"이라고 돼 있습니다. 이것이 탐험의 정의라면 탐험은 소수의 전유물입니다. 영화에 나오는 인디아나 존스 같은 고고학자나 수십 명의 셰르파를 이끌고 히말라야 정상을 등정하는 산악인만 탐험을 할 수 있겠죠. 첫 탐험을 결심했던 2006년 봄, 탐험은 내게 우연처럼 다가왔습니다. 그저 책을 읽고 궁금한 것을 사막에 가서 눈으로 확인하고 싶었습니다. 어릴 적 동네 뒷산에 뭐가 있는지 궁금해 친구들과 함께 무작정 길을 떠났던 것처럼 평범했던 독서모임 회원들로 탐험대를 꾸렸습니다. 그땐 탐험을 떠난다는 생각보다 사막에 대한 막연한 동경과 비행기를 탄다는 기대감이 컸습니다. 탐험대를 꾸렸지만 난감했습니다. 무엇부터 준비해야 할지 막연했죠. 일단 헌책방에 가서 《내셔널지오그래픽》 매거진을 닥치는 대로 샀습니다.

　모든 일에는 선구자가 있는 법. 잡지를 넘길 때마다 펼쳐지는 탐험가들의 이야기는 내 마음을 사로잡았습니다. 심지어 광고 페이지에 등장하는 탐험 장비와 지도까지 정독해서 읽었습니다. 잡지 몇 권을 읽다 보니 탐험의 속성이 보였습니다. 무엇보다 탐험은 혼자 하는 행위가 아니었습니다. 미디어를 통해 접한 성공한 탐험가들은 항상 혼자 포즈를 취했지만 그 이면에는 성공한 개인이 아니라 잘 조직된 팀이 있었습니다. 결국 탐험은 소수의 인원이 제한된 자원을 갖고 정해진 시간 안에 임무를 마치는 일종의 프로젝트였습니다. 탐험 프로젝트에 필요한 이동수단, 식량, 지도, 기록, 장비 전문가가 필요한 일이었습니다. 하지만 우리에겐 탐험을 안내해줄 여행사도 전문가도 없었습니다.

일단 하나씩 따라 해보기로 했습니다. 여섯 명의 탐험 대원에게 각자 역할을 나눠줬습니다. 저는 운영총괄과 이동수단을 담당했습니다. 2006년도만 하더라도 서부 호주에 대한 여행 정보가 전무한 시절이라 이동하는 구간에 주유소가 몇 군데나 있는지 확인이 필요했습니다. 호주대사관과 관광청을 통해 알아보니 몇 백 킬로미터마다 로드하우스(차량 휴게소)가 존재했고 그마저도 24시간 운영하는 곳은 손에 꼽았습니다. 차량 고장에 대비해 단골 카센터에 부탁해 간단한 차량 정비 기술도 익혔습니다. 지도 제작은 한의대에 다니는 대학원생이 맡았습니다. 인터넷 초기 시절이다 보니 지도를 구하는 일이 가장 어려웠습니다. 주말마다 모여 서부 호주의 주요 도시 지도를 수백 장 다운로드받아 붙이는 작업 끝에 탐험지도를 완성했습니다. 탐험의 목적 중 하나인 천체 관측을 위해 사진을 전공한 직장인은 틈날 때마다 유명한 천체사진작가를 따라다니며 별 사진 촬영 기술을 전수받았습니다. 탐험에서 치안을 담당하겠다고 말했던 검도학원 관장님은 매일 밤 도심 공원에서 어둠 속에서 텐트 치는 연습을 반복했습니다. 우리는 그렇게 탐험을 준비하며 새로운 분야의 기술을 조금씩 습득했습니다. 나름 새롭게 익힌 주특기에 만족했고 각자 탐험에서 실력 발휘를 호언장담했지만 탐험의 현실은 냉정했습니다.

캥거루와 부딪쳐 고장 난 차량은 청색 테이프로 덧칠했고 운전석이 반대인 차량은 아슬아슬 중앙선을 넘나들었습니다. 탐험 첫날, 목적지엔 예정보다 4시간 넘어 도착했고 랜턴을 켜고 시작한 텐트 설치는 한 시간이 돼서 겨우 끝났습니다. 낯선 땅에서 혹독한 신고식을 치르고 잠들기 전 모두 밤하늘을 올려다봤습니다. 남반구의 은하수가 우유를 뿌려놓은 것처럼 선명했고 남반구를 대표하는 남십자성이 선명하게 보였습니다. 한 대원이 말했습니다.

"실의에 빠진 아이들에게 저 별을 보여줄 수 있다면 얼마나 좋을까. 분명 자신의 존재를 전보다 소중하게 여길 거야."

다시 떠올려도 멋진 말입니다. 순간 이런 게 탐험이 아닐까라는 생각이 들었습니다. 평범한 사람이 보편적인 호기심을 품고 그것을 풀기 위해 방법을 찾고 학습을 합니다. 그 결과, 별과 전혀 무관한 사람 입에서 저런 말이 나왔습니다. 그때부터 지금까지 나에게 탐험은 배움의 과정이며 성찰의 시간입니다.

관점을 바꾸니
새로운 세상이 찾아왔다

여전히 사람들은 제게 묻습니다. "대자연을 탐험하다가 도시에
오면 답답하지 않느냐? 또 떠나고 싶지 않느냐?" 처음엔 탐험을
하는 게 꿈 같았습니다. 어제까지 은하수 아래 있다가 별 볼일 없
는 도시로 돌아오면 정신이 혼미하고 일상에 적응하기 힘들었습
니다. 하지만 지금은 그렇지 않습니다. 오히려 평범했던 일상이
다르게 보입니다. 사막의 밤하늘을 도심의 밤하늘에 비교할 수
없지만 차이는 없습니다. 빛 공해와 구름으로 사막에서와 같은
별을 볼 수는 없지만 구름 너머에 별은 그 자리에 그대로 존재합
니다. 가끔 붉게 빛나는 화성을 보며 화성탐사로봇에게 혼잣말로
안부를 물어봅니다. 방파제에 싸놓은 돌덩이를 보며 지구의 어떤
기억을 품고 있는지 들여다봅니다. 대상에 대한 관점을 바꾸니
새로운 일상이 찾아온 것입니다. 일상이 달라지니 탐험에 대한
생각에 변화가 찾아왔습니다. 탐험은 해외에 있는 웅장한 자연에
가서 화석을 발굴하고 천체를 관측하는 과학적인 행위라고 생각

했지만, 이제 한 지역을 입체적으로 보려면 다양한 관점이 필요하다는 걸 알았습니다.

탐험을 하며 만난 외국 과학자들은 한국에서 온 나에게 "제주도에 가봤냐"는 질문을 자주 했습니다. 당시 제주의 지질학적 가치를 잘 몰라 경관이 아름다운 제주의 몇 곳을 소개했습니다. 소개에 덧붙여 관광명소와 유명 카페, 레스토랑 정보를 말하니 그들의 표정이 어두워졌습니다. 그리고 되묻기를 "한국에도 제주도처럼 과학적인 가치가 큰 섬이 있는데 왜 해외를 탐험하느냐"고 물었습니다. 처음엔 한국에서 온 내게 인사치레로 하는 얘긴 줄 알았는데 그 후로 어느 지역을 탐험하든 비슷한 질문을 꼭 받았습니다. "제주도에 가봤냐."

매번 제주도는 아름다운 섬이라는 피상적인 답변만 하니 제주도에 대한 알 수 없는 부채감이 들었습니다. 이를 계기로 기회가 되면 제주도를 제대로 탐험해보기로 결심했습니다. 그러다 2009년 제주도와 형성 과정이 비슷한 하와이 빅아일랜드 섬으로 탐험을 갔습니다. 두 눈으로 액체 상태의 용암을 보고 싶었습니다. 화산국립공원 내에 있는 재거박물관에 방문했다가 은퇴한 화산학자를 만났습니다. 그는 죽기 전에 마지막 소원이 제주도에 가보는 거라며 나를 반겼습니다. 도대체 팔순이 넘은 학자가 그렇게 말한 이유가 뭔지 궁금했습니다. 그는 세 가지를 얘기했습니다.

첫째 제주도는 하와이와 형제섬이라는 표현을 썼습니다. 두 섬 중앙에 있는 화산을 측면에서 보면 경사가 완만해 마치 방패를 뒤집어놓은 모양을 닮았습니다. 그래서 방패화산 또는 순상화산이라고 부릅니다. 이는 끈적거리지 않는 현무암질 용암이 굳어졌기 때문입니다. 순상화산은 마그마의 점성이 약해 용암이 바로 흘러버리기 때문에 완만한 형태를 만듭니다.

둘째로 곶자왈에 가보고 싶다고 말했습니다. 제주도 같은 화산섬은 내륙의 토양과 성분이 달라 작물 경작에 어려움이 있지만 그 때문에 화산섬에서만 자생할 수 있는 곶자왈 같은 독특한 생태 환경을 만들었습니다. 제주 곶자왈은 지구상에서 남방한계식물과 북방한계식물이 공존하는 유일한 숲 생태계입니다.

마지막으로 곶자왈을 터전으로 살아가는 제주 사람들의 삶을 엿보고 싶다고 했습니다. 제주도를 경관이 아름다운 곳으로만 생각했던 나에게 그의 대답은 충격으로 다가왔습니다. 그가 보고 싶은 제주는 아름다운 경관 너머에 있는 지질학, 생태학, 인류학적 다양성의 보고였습니다. 특정 지역을 입체적으로 이해하려면 과학뿐만 아니라 인문학적인 사유도 중요합니다. 이는 우리 삶에도, 일에도 고스란히 적용됩니다.

탐험을 하며 바뀐
삶의 가치관

탐험에는 돈이 필요합니다. 거리와 환경이라는 변수가 더해지면 돈의 액수도 늘어납니다. 사람들이 탐험이란 단어를 생각만 하고 실천하지 못하는 이유이기도 합니다. 처음엔 주로 과학자들과 탐험을 하고 공부를 했습니다. 탐험 경험이 쌓일수록 더 많은 사람과 탐험을 누리고 싶어졌고 패키지여행 비용으로 가능한 탐험여행 상품을 기획했습니다. 나사 과학자들의 탐험 여정을 일반인에 맞게 상용화했습니다.

처음 런칭했던 탐험여행에 참여했던 사람들이 기억납니다. 과학자도 있었지만 출판편집자, 간호사, 중학생, 고등학생, 회사원 등 말 그대로 패키지여행 좀 해본 사람들이었습니다. 열흘 동안 2,800킬로미터의 붉은 사막을 달렸습니다. 매일 밤 캠핑장 모닥불에 둘러 앉아 살아온 얘기를 나눴습니다. 과학자들은 교과서에 나오는 지질학 흔적을 보며 감동했고 직무에 시달렸던 회사원은 자연이 주는 낯섦에 경외감을 외쳤습니다. 모두 기억에 남지만 사춘기 학생 참가자들의 모습에서 큰 감동을 받았습니다.

우주를 동경했던 한 소녀는 고등학교에 진학해 이과를 선택하자 주변의 곱지 않은 시선을 받았습니다. 이과는 어렵고 취업도 어렵다는데 왜 이과를 선택했냐는 식이었죠. 소신대로 이과에 진학했지만 여전히 갈팡질팡하던 소녀는 부모님을 졸라 탐험여행에 왔습니다. 탐험의 반환점을 돌았을 때쯤 소녀는 내게 넌지시 말했습니다. "이제는 고민하지 않을 것 같아요. 확신이 생겼어요." 천문학을 전공하고 싶다는 막연한 꿈만 꾸던 자신에게 확신이 생겼다는 말이었습니다. 밤하늘 아래서 만들어진 소녀의 확신은 어른들의 가슴에도 확신을 퍼트렸습니다. 어른이라고 세상을 다 아는 건 아니었습니다.

몇 년 뒤 참석했던 중학생 소녀도 그랬습니다. 활달하던 성격의 소녀는 몇 년 전부터 사춘기를 극심하게 겪었습니다. 사막행 비행기에 탑승하기 전까지도 부모님의 걱정이 컸습니다. 그녀도 탐험의 반환점을 돌 무렵 밤하늘을 가리키며 말했습니다. "대장님 제가 좋아하는 친구도 저 별 어딘가에 잘 있겠죠." 단짝 친구를 잃은 슬픔이 소녀의 마음 문을 닫게 했던 거였습니다. 공룡탐험여행에 참여했던 대기업 임원은 뜨거운 태양 아래서 말했습니다. "여기 오면 하루 종일 공룡, 우주 얘기만 해도 뭐라는 사람이 없어서 좋아요. 호기심이 보장된 완벽한 공간이에요." 탐험여행에 왔던 사람들은 밤하늘 아래에서, 공룡 발굴 현장에서 그렇게 커밍아웃을 했습니다. 그 원동력은 무엇이었을까요. 마치 현대판 원시 부족처럼 해와 별의 움직임으로 시간을 가늠하고 TV

대신 모닥불에 모여 앉아 서로의 얼굴과 감정을 오롯이 바라봤기 때문이 아닐까요.

우리 모두는
탐험가다

생각해보면 인류는 늘 탐험을 꿈꿨습니다. 약 6만 년 전 아프리카에서 태어난 인류는 대륙을 떠나는 모험을 시작했습니다. 탐험에 타고 갈 이동수단이 없으니 해수면이 낮아지는 빙하기를 기다렸을 겁니다. 한꺼번에 많은 구성원이 대륙을 떠나는 탐험을 감행하진 못 했을 겁니다. 한 세대가 출발하면 그다음 세대가 선구자의 발자취를 따라갔습니다. 인류 최초의 탐험은 대항해 시대의 신대륙 탐험으로 이어졌고 드디어 행성 지구를 벗어나 화성에 거주지를 건설하는 모험으로 이어지고 있습니다.

　시대별로 탐험의 목적은 달랐지만 탐험을 향한 마음은 문화 속에 내재되어 있었습니다. 행동심리학자 앨리슨 고프닉에 따르면 아이들은 운동능력을 습득한 후에는 정신적 탐험이 환경에 대한 물리적 탐험으로 바뀐다고 합니다. 이렇듯 탐험은 인간의 마음 안에서 끊임없이 작동하고 있으며 그것은 우리의 유전자 안에 내재되어 있습니다. 하지만 그 많던 탐험 유전자는 다 어디로 갔을까요? 나는 칼 세이건의 말을 빌려 탐험 본능을 일깨우고 싶습니다. 칼 세이건은 "어디선가 굉장한 어떤 것이 알려지길 기다리고 있다"고 말했습니다.

이는 비단 천문학에만 적용 가능한 문장이 아닙니다. 일과 삶에도 적용 가능합니다. 단, 한 가지 전제조건이 있습니다. 탐험 본능을 깨워야만 굉장한 어떤 것이 여러분 앞에 등장합니다. 하지만 바쁜 일상을 살며 탐험 본능을 깨우고 새로운 지식을 습득하기는 어렵습니다. 저는 여러분에게 관점을 바꿔보라고 말하고 싶습니다.

우리 유전자에는 이미 탐험 본능이 있습니다. 본능은 특별한 환경과 조건이 아니더라도 꺼내 쓸 수 있습니다. 등굣길을 걸으며 한 가지 대상을 정해놓고 매일 기록해보는 건 어떨까요. 나무, 풀, 꽃, 상점의 과일박스 어느 것이어도 좋습니다. 계절의 변화에 따라 나무와 꽃은 변하고 손님의 기호에 맞게 과일박스의 위치도 변할 겁니다. 한 달 정도 기록을 하고 나면 당신이 정한 대상이 말을 걸어 올 겁니다. 나 좀 알아 달라고, 내가 더 궁금하지 않느냐고. 이때가 바로 우리 모두가 탐험가가 되는 순간일 겁니다.

저에게 탐험이란, 평생 할 수 있는 일이라기보다, 함께할 수 있는 친구들을 만드는 일 같습니다. 재미난 일은 함께해야 더 재미가 있습니다. 어린 시절 논두렁에서 친구들과 썰매를 타고 모닥불에 구워 먹던 속이 노란 호박고구마, 골목길 어귀에서 친구들과 함께했던 술래잡기, 으슥한 곳에 누더기처럼 만든 비밀기지에서 보던 만화책……. 그 시절 비밀기지 같은 무대, 그리고 그 무대에서 함께할 친구들을 계속 만나고 싶습니다.

제10장

진로와 행복, 내 삶의 길을 열어가는 시간

글쓴이_ **김호연**

한양대 교수. 인문대학 미래인문학융합학부에 재직하며, 창의융합교육원 고전읽기융합전공 주임교수를 겸하고 있다. 화학, 서양사, 과학사를 공부했고, 우생학사(史) 연구로 박사학위를 취득했다. 현재 인문학과 과학 사이에서 융합 연구와 교육을 수행하고, 관계와 소통을 화두로 모두의 좋은 삶을 지향하는 강연과 사회 활동을 하며 살아가고 있다. 그동안 쓰고 옮긴 글로는 『유전의 정치학, 우생학』『희망이 된 인문학』『인문학, 아이들의 꿈집을 만들다』(공저), 『미국, 미국사』(공저), 『과학기술의 철학적 이해』(공저), 『현대생물학의 사회적 의미』(공역), 「골튼의 정상 개념과 우생학 그리고 性」「코로나바이러스와 인종주의」「우생학, 국가, 그리고 생명 정치의 여러 형태들」「역사 리텔링과 상흔(trauma)의 치유」「인문학의 복지적 실천을 위한 시론적 연구」「인문학 교육의 역할과 효용성에 관한 연구」등이 있다.

진로는 삶의 문제,
내 삶을 살아간다는 것

행복하게 살려면
꿈을 이루면 될까?

여러분은 왜 사나요? 우리는 왜 공부할까요? 대부분은 아마도 행복이란 단어를 떠올릴 것입니다. 흔히 행복해지려면, 꿈을 꾸고 그것을 이루면 된다고들 말합니다. 과연 그럴까요? 저는 여러 곳에서 사람들을 많이 만납니다. 물론 학생들이 대부분이지요. 종종 마음이 어려운 학생들과 이야기를 나누기도 합니다. 우리가 힘들 때, 누군가가 그냥 내 이야기를 들어주기만 해도 마음이 조금은 평온해진다는 것을 저도 경험으로 익히 알고 있기 때문입니다. 가끔은 당혹스러운 적도 있습니다. 그 가운데 하나는 어떤 학생의 꿈인데, 자신이 원하는 대학에 입학하는 것이 꿈이라 하더군요. 최종 종착지는 대학에서 배운 공부를 통해 바라는 직업을 갖는 것이겠지요. 그런데요, 또 어떤 학생은 자신이 그토록 원하던 대학에 진학하고도 그리 즐거워 보이지 않았습니다. 오히려 불안해 보였습니다. 저는 이 학생이 왜 그럴까 한참 생각해봤습니다. 그러다가 만일 누군가가 꿈을 이뤘는데도 그다지 행복하지 않다면, 도대체 그 이유는 무엇일까에 대한 하나의 이유를 찾았습니다.

직업(職業),
what to be와 what to do

우리가 말하는 꿈은 아마도 진로, 특별히 직업과 관련이 있을 겁니다. 우리는 그 직업을 갖기 위해서 공부한다고 생각합니다. 그런데요, 과연 꿈이 진로이고, 그 진로의 핵심이 직업으로만 이야기할 수 있을까요? 학자들의 연구를 살펴보면, 진로는 어떤 사람이 살아가는 동안의 모든 경험과 활동을 말합니다. 여기에는 취미나 여가와 같은 활동도 당연히 포함됩니다. 이렇게 보면, 진로는 우리의 삶과 관련된 문제라고 할 수 있겠습니다. 진로는 단순히 진학이나 직업에만 국한된 것은 아니라는 이야기겠지요.

즉 꿈 또는 진로는 단순히 생계의 문제가 아니라 삶의 문제라는 겁니다. 따라서 우리가 먹고사는 것을 해결할 수 있는 전문적인 일(what to be) 못지않게 어떤 삶을 살아갈까(what to do)와 같은 고민도 해봐야 할 것 같습니다. 그럼에도 불구하고, 우리는 보통 전문적인 일, 즉 직업에만 관심을 갖는 것은 아닐지요. 가끔 청소년 특강에 가서 꿈이 뭐냐고 물으면, 대부분은 직업의 명칭을 이야기합니다. 그 직업을 얻기 위해서는 대학에 진학해야 하고, 그래야만 그 직업을 얻고, 최종 목적은 그 직업을 통해 돈을 어느 정도 벌어야 안정적이고 행복한 생활을 할 수 있다는 식이지요. 하지만 저는 그것만이 우리 꿈의 전부가 아닐 거라고 생각합니다.

막스 베버(Max Weber, 1864~1920)란 학자의 글『직업으로서의 학문』(1917)이란 책을 읽으면 이런 이야기가 나옵니다. 학자에게는 자기 자신의 능력이나 운, 그리고 경제적인 안정성 같은 것들만큼이나 중요한 것은 자기 영혼을 공부하는 일에 쏟아 넣으며 헌신할 수 있는 소명감이라고 말합니다. 학문 연구자나 교수가 될 사람들에게 했던 이야기지만, 저는 어떤 일을 할 때 누구에게나 필요한 덕목이 아닐까라고 생각합니다. 어떤 직업이 우리에게 주는 보상인 삶의 윤택함뿐만 아니라 내 영혼을 과연 다할 수 있는 일이고, 나는 얼마나 헌신할 준비가 되어 있는가를 스스로 물어보는 것이 진로에 대한 고민의 첫 출발점이라고 저는 생각합니다. 그러면 어떤 일을 더 즐겁게 하고, 또 더 잘할 수 있는 일을 찾아가는 데 도움이 되지 않을까요?

꿈, 내 욕망은 과연
내 것이었을까?

제게 꿈이 뭐냐고 물으면 덜 아프게 그리고 덜 외롭게 살아가는 거라고 말하곤 합니다. 제가 생각하기에 꿈이란 누군가의 욕망과 관련된 것이고, 그 욕망의 핵심은 자신이 가장 원하는 것, 하고 싶어 하는 것을 하면서 살아가는 삶일 것입니다. 그래서 욕망은 사람에게는 중요한 삶의 동력이 되곤 합니다. 누군가는 돈을 많이 벌고 싶은 욕망이 있고, 또 누군가는 남들에게 인정을 받거나 흔히 말하는 워라벨(Work and Life Balance)을 욕망하는 사람도 있을 것입니다. 이런 욕망을 실현하려면, 그럴듯한 직이 필요하고, 그러려면 이름이 있는 대학에 진학해야 하고, 그 대학에 진학하려면 시험을 잘 치르기 위해 공부해야 하고, 이를 위해서 학원을 다니고……. 아마도 대부분의 삶이 비슷하리라 생각합니다. 여기서 저는 한 가지 궁금한 것이 있습니다. 흔히 우리가 욕망하는 것들이 과연 나의 욕망인가라는 질문입니다.

공자(기원전 551~479)와 제자들의 이야기를 담고 있는 『논어』를 아시지요? 거기에는 이런 구절이 나옵니다.

공자께서 말씀하셨다. "옛날의 공부하던 사람들은 자기 자신을 만들기 위해 공부했는데, 요즘 공부하는 사람들은 남들에게 알려지기 위해 공부한다."(子曰, 古之學者爲己, 今之學者爲人. - 論語, 憲問)

저는 이 구절을 읽을 때마다, 과연 내가 내 꿈을 꾸고 있을까를 묻곤 합니다. 혹시나 남의 욕망을 내 욕망으로 착각하고 살아가고 있는 것은 아닌지, 세상에서 이야기하는 행복이나 성공이 내 욕망의 기준이었던 것은 아닌지를 스스로에 묻는 일이 중요합니다. 달리 말해, 과연 내 꿈은 진짜 나의 꿈이었는지를 스스로에게 물어보는 것입니다.

진로, 내 생각은
진짜 내 생각이었을까?

내 꿈은 진짜 내 꿈이었는지를 스스로에게 물어보는 것은 과연 내가 내 생각의 주인이었나를 묻는 것과 마찬가지라고 할 수 있습니다. 저는 우리가 당연하고 진짜라고 믿던 것들에 의문을 품고 해답을 찾아가는 과정이 공부이고, 내 진로와 내 삶을 위한 출발점이라고 생각합니다. 혹시나 세상이 강요한 사실을 진실로 착각하고 세뇌당했던 것은 아닌지, 내가 아닌 부모님이나 친구들의 시선과 욕망 때문에 내가 어떤 생각이나 꿈을 꿨던 것은 아닌지를 고민해보면 좋을 것 같습니다. 과연 나는 무엇을 기준으로, 어떤 시선으로, 세상, 사람, 공부, 나 자신 등을 바라보고 있는가? 사람을 볼 때, 그 사람의 됨됨이보다 학벌, 학력, 재산, 외모 등을 더 중요하게 보지는 않았는지? 같은 질문 말입니다.

과연 내 생각은 온전히 내 생각이었을까요? 또 내 생각의 기준은 무엇인가요? 내 생각에 영향을 미치는 많은 것들을 꼭 고려해보는 것이 필요합니다. 혹시나 내가 디지털 매체에서 이야기하는 정보나 흔히 말하는 카더라 통신에 기대어 생각했던 것은 아닌지도 살펴야 합니다. 이는 가짜 정보에 빠질 위험도 있고, 정보가 너무 많으면 비판적 사고, 즉 옳고 그름을 판단하기가 어렵기 때문입니다. 협소한 내 경험 안에서만 생각했던 것은 아닌지도 검토해봐야 합니다. 기실 여러분이 보고 듣고 알고 있는 우리나라 직업의 개수는 몇 가지나 될까요? 우리가 알고 있는 직업의 수는 아마도 기껏해야 수십 가지에 불과할 것입니다. 또한 유명인이나 권위가 있는 분이 말한 것을 마치 금과옥조처럼 여기는 것은 아닌지도 중요합니다. 사실 그건 참고용이죠.

콜린 웨스트(Colin West)라는 영국 작가가 쓴 『핑크 대왕 퍼시』(Percy the Pink, 2012)라는 동화책이 있습니다. 주인공 퍼시는 책 제목대로 핑크색을 너무 좋아합니다. 그래서 핑크색 안경을 끼고 세상을 봅니다. 어떻게 보일지 분명하지요. 퍼시는 세상이 온통 핑크색이기를 바랍니다. 과연 여러분은 어떤 색깔의 안경을 쓰고, 행복, 성공, 공부, 그리고 여러분의 꿈(진로)을 생각하고 있나요? 또 어떤 세상에 살고 싶나요? 저는 자기 삶에 영향을 미치는 모든 것을 다시 생각해보라고 여러분에게 권하고 싶습니다. 그러면 진로를 꿈꿀 적에 큰 도움이 될 것입니다.

내 행복의 조건은
무엇일까?

행복은 과연 승리자만이 누리는 것일까요? 돈이면, 사회적 지위면 행복해질 수 있을까요? 또 행복이 삶의 최종 목적지일까요? 사실 행복은 지극히 주관적이고, 종착지가 아니라 일시적인 상태이자 과정에 불과합니다. 그래서 행복에 대한 하나의 정답을 찾기가 어렵고, 늘 그리운 모양입니다. 토머스 모어(Thomas More, 1478~1535)는 『유토피아』(1517)라는 소설에서 정신적 즐거움(행복감, 쾌락)은 좋았던 시절에 대한 기억과 좋은 내일에 대한 확신에서 온다고 말합니다. 유발 하라리(Yuval Noah Harar, 1976~)의 책 『사피엔스』(2015)에는 행복이 주관적 만족감 못지않게 부나 건강, 공동체의 안전과 같은 객관적 조건과도 관계가 있다는 이야기가 나옵니다. 또 올더스 헉슬리(Aldous Huxley, 1894~1963)의 『멋진 신세계』(1932)란 책에서는 소마라는 약물을 마시면 세라토닌이나 도파민 같은 쾌락 물질의 분비를 도와서 아무런 걱정 없이 살 수 있다고 합니다. 자기 삶의 의미를 찾는 것이 우선이라거나 나를 먼저 사랑해야 남도 헤아릴 수 있다는 이야기도 많이 합니다. 또 불교나 기독교, 이슬람교는 그 종교마다 해법이 조금씩 다르지요. 과연 누구의 말이 옳을까요? 누구의 말을 따라야 할까요?

저는 행복은 다양한 접근과 생각이 있을 수밖에 없다는 전제하에서 내가 하고 싶은 일은 무엇인지(욕망), 그리고 내가 잘할 수 있는 일은 무엇인지(능력)를 스스로에게 묻는 것에서 출발한다고 생각합니다. 진로는 이런 질문의 답을 찾아가는 과정에서 자연스레 꾸게 되는 꿈이 아닐까요?

내 욕망과 내 능력,
그리고 나의 역사하기

내가 어떤 행복을 추구할 것인지, 내 욕망과 능력은 무엇인지를 알기 위해서는 나의 역사를 살펴보는 것이 중요하다고 생각합니다. 역사는 어떤 존재의 본질을 알려주는 중요한 공부가 되는 법이니까요. 우리가 어떤 문명이나 나라의 특성과 본질을 알고자 할 때도 가장 먼저 그 문명과 나라의 역사를 살펴보지요. 그런데요, 역사학의 아버지라 불리는 헤로도토스(Herodotus)는 역사를 기억의 다른 이름이라고 생각했습니다.

　나의 역사를 알기 위해서는 먼저 내가 걸어온 길을 살펴봐야겠지요. 바로 내 머릿속 기억이라는 우물에 다가서야 합니다. 기억은 나란 존재의 정체성을 담은 보물창고와 같은 것이기에 그렇습니다. 내 기억을 토대로, 좋았던 일과 그렇지 않은 일, 잘했던 일과 못했던 일을 떠올려볼 수 있을 것입니다. 그 가운데서 내가 좋았던 일, 잘했던 일을 추려봅시다. 그것을 토대로 다가올 내일의 내 역사를 다시 써보는 것, 즉 진로에 대해 고민해보는 것이지요. 내 삶의 기억을 진로 찾기의 재료로 사용하는 것입니다. 오래된 미래라는 말이 있는 이유입니다.

　물론 이 과정은 한두 번에 끝날 일이 아닙니다. 살아가면서 계속 시도해야 하는 일입니다. 그래야 내 인생을 리텔링(retellling, 다시 쓰기)할 수 있습니다. 인간은 만들어져서 태어난 존재가 아니라 만들어가는 존재이니 내 삶의 리텔링은 더더욱 중요할 수 있습니다.

기욤 뮈소(Guillaume Musso)의 소설 『종이 여자』(2023; La fille de papier, 2010)에는 빌리 도넬리라는 여자 주인공이 나옵니다. 이 여자는 소설 속의 소설가가 자신을 아무 생각도 없는 허섭스레기 여성으로 그려내는 것에 불만을 품고 소설 속에서 튀어나옵니다. 그러고선 소설가에게 자신을 아름다운 여성으로 다시 써줄 것을 강력하게 요청합니다. 그녀는 왜 자신의 이야기를 다시 쓰라고 했을까요? 아마도 자기 삶의 의미와 가치를 탐색하면서 성찰하고, 더 나은 내일을 꿈꾸어서가 아닐까요.

여러분도 자신의 역사, 즉 나의 역사하기를 시도해보십시오. 내 삶의 기억은 내가 원하는 것, 내가 잘할 수 있는 것을 찾아가는 좋은 재료가 될 것이고, 내 미래의 귀중한 바탕이 될 것입니다. 누구도 내 인생을 대신 살아줄 수 없습니다. 내 미래는 스스로 써가야 합니다. 나의 역사하기는 내가 내 삶의 주인공으로 살아가는 좋은 방법일 수 있습니다.

언제나, 지금이
가장 빠른 때

괴테(Johann Wolfgang von Goethe, 1749~1832)의 『파우스트』를 읽다 보면, 인간은 노력하는 한 방황하는 법이라는 것을 알 수 있습니다. 여러분! 마음껏 방황해보시기 바랍니다. 남과 다른 길로 가도 괜찮습니다. 두려움 말고는 아무것도 두려워하지 마세요. 두려움이야말로 우리 인생 최대의 약점이자 불안의 원천이 될 테니까요.

자기가 하고 싶어 하는 일을 하지 못한다는 것, 자기가 잘할 수 있는 일이 무엇인지 모른다는 것은 자기 삶을 스스로 살아가기 어렵다는 것일 수도 있습니다. 더 불행한 것은 이런 질문조차 하지 못한 채 떠밀리듯 대학에 가고, 남들이 부러워할 법한 직업을 찾고, 또 세상이나 다른 누군가의 욕망대로 살아가는 것인지도 모릅니다. 언제나 지금이 가장 빠른 때입니다. 지금이라도 내 삶을 살아가기 위해, 나의 욕망과 나의 능력에 대해 깊이 자각하면서, 여러분의 진로를 찾아가시기를 바랍니다.

청소년을 위한 진로 인문학

초판 1쇄 2024년 4월 26일
지은이 강봉숙, 김별아, 김성희, 김준철, 김호연, 문경수, 서정민갑, 원재훈, 이동학, 최삼경
편집기획 북지육림 | **본문디자인** 히읗 | **종이** 다올페이퍼 | **제작** 명지북프린팅
펴낸곳 지노 | **펴낸이** 도진호, 조소진 | **출판신고** 2018년 4월 4일
주소 경기도 고양시 일산서구 강선로 49, 911호
전화 070-4156-7770 | **팩스** 031-629-6577 | **이메일** jinopress@gmail.com

ⓒ 강봉숙, 김별아, 김성희, 김준철, 김호연, 문경수, 서정민갑, 원재훈, 이동학, 최삼경, 2024
ISBN 979-11-93878-01-9 (43300)